中國學術思想 研究輯刊

十二編

林慶彰 主編

第 52 冊

道生頓悟說之理論基礎與義理內容

陳松柏 著

《大乘起信論》如來藏緣起思想之探討

尤惠貞 著

花木蘭文化出版社

國家圖書館出版品預行編目資料

道生頓悟說之理論基礎與義理內容　陳松柏　著／《大乘起信
論》如來藏緣起思想之探討　尤惠貞　著 — 初版 — 新北市：
花木蘭文化出版社，2011〔民100〕
目 2+108 面＋目 2+68 面；19×26 公分
（中國學術思想研究輯刊 十二編；第 52 冊）
ISBN：978-986-254-692-5（精裝）
1.（南北朝）竺道生　2.學術思想　3.佛教哲學　4.大乘論
030.8　　　　　　　　　　　　　　　　　　　100016219

ISBN-978-986-254-692-5

中國學術思想研究輯刊
十二編　第五二冊　　　　　　　ISBN：978-986-254-692-5

道生頓悟說之理論基礎與義理內容
《大乘起信論》如來藏緣起思想之探討

作　　者　陳松柏／尤惠貞
主　　編　林慶彰
總 編 輯　杜潔祥
出　　版　花木蘭文化出版社
發 行 所　花木蘭文化出版社
發 行 人　高小娟
聯絡地址　新北市永和區中正路五九五號七樓
　　　　　電話：02-2923-1455 ／傳眞：02-2923-1452
網　　址　http://www.huamulan.tw 信箱 sut81518@gmail.com
印　　刷　普羅文化出版廣告事業
封面設計　劉開工作室
初　　版　2011 年 9 月
定　　價　十二編 55 冊（精裝）新台幣 90,000 元

道生頓悟說之理論基礎與義理內容

陳松柏　著

作者簡介

陳松柏，台灣台中人，高師大國文碩士，東海大學哲學博士。曾先後任教高雄市三民國中、台中市成功國中、東海大學社會系，現職南開科技大學資訊管理系專任副教授。本文關於道生思想之處理，原係作者碩士時期關注的佛教哲學論題；但以最近十年發表之論文觀之，學術領域則主要聚焦於中國的魏晉玄學、明清思想以及歐陸的康德與海德格哲學。未來的研究方向，將會偏重在結合現前的授課內容，以「生死學」、「文學鑑賞」和「資訊素養」的相關文創思維為主軸。

提　　要

　　本文以「道生頓悟說之理論基礎與義理內容」為題，主要目的在於還原並重整竺道生頓悟思想的應有論點。全文之提要內容如下：

　　「前言」部分，重點在為本文的系統架構，提供一套整體的說明。內容包括本文寫作動機、目的、章節安排及撰述的方式。

　　第一章「生平著述及其時代、學術背景」，本章歷述竺道生之生平略歷、著述，及其時代環境、學術背景等，希望透過外緣資料的掌握，裨便尋檢出頓悟思想的可能淵源。

　　第二章「頓悟思想的主要理論基礎」，本章分別從竺道生主要的兩大思想體系──般若思想與佛性思想，進行深入的研析探討，以凸顯其頓悟思想的理論依據。

　　第三章「頓悟思想的義理內容」，著重於竺道生當時「頓漸之辯」的釐清，以托襯出竺道生頓悟思想的主要理論特色；並藉諸相關文獻的組織過濾，由「理」及「悟」層面個別予以義理的深化，以表現出竺道生頓悟思想可能含蘊的義理內容。

　　第四章「頓悟思想之評價及其現代意義」，本章主要是依竺道生頓悟思想在中國學術發展中的歷史價值及應有地位，試予一客觀的評價；並嘗試通過頓悟理念的活絡運用，擴伸其觸角，以與現代相結合。

　　第五章「結論」，歸結上述諸章論點，以為本文結語。

目

次

聚石為高第談經獨了然有時
頭共點始信道同傳 丙寅十月朔日
邛池漁父

不管「頑石點頭」這故事是否屬實，它都很能夠將道生對真理的執著表現
出來。在現代，作為一個學術工作者而言，最需要的，正是這份執著。

民主的改革絕非一蹴可幾，正如道生的領悟也非一步登天一般。如果政府在要求民主革新的過程裏，忽略了建立民眾相應的民主認知，而一直要等到政策推行後，才發現困難重重、百廢待舉，彼時再圖補救之道，起步都已嫌晚。

前言——本文寫作動機、目的、章節安排及撰述方式

　　目前國內的中文著作裏，關於竺道生（以下簡稱道生）思想研究的論述，在數量上仍不多見。迄今爲止，從事過這方面專題研究的，還未超過十人。而研究者當中，較具於代表性的，是印順、湯用彤和方東美三家。這裏面，印順較傾向於就佛教教理的層面觀察道生，基本上是屬於傳統佛教學者的研究模式；而湯用彤則是透過史料文獻的方向理解道生，比較偏向於史學意義的詮釋；至於方東美，則主要是運用現代哲學的角度，對道生思想進行重新的評估和界定。另外，錢穆雖然不曾針對道生而作專題探討，但在其論述中却經常強調道生會通儒佛的意義，也是一個比較值得重視的大家。由於他們各具擅長，研究的成績也頗有可觀，對於後來研究道生思想的新生代學者而言，確是起了很好的帶頭作用。

　　然而，遺憾的是：針對道生最富於創意的頓悟思想，截至目前爲止，仍然沒有人爲它提出一個比較系統化的整理。

　　前面舉示的諸家之中，湯用彤雖然曾經嘗試從史料文獻的角度，窺探道生的頓悟思想，但由於其陳述或編輯的觀點過於零散，實在很難凸顯出道生原有的思想規模。而其他各家，對於頓悟思想的處理，幾乎也都只有做到理論表層的論介工作而已，深入的程度明顯不足。造成這種現象，我覺得除了撰述者本身處理的意願不高以外，也受限於一些客觀的因素，例如道生所有關於其頓悟思想的直接資料，在今天幾乎已經完全亡佚，而當時能夠記載此一思想的史料或文獻也多半不存。再加上道生頓悟思想的提出，距離現在已

有一千五百年之遙，其間它雖然曾在實際的學術發展中發揮了影響後代的力量，但始終缺乏有力的傳人延續其慧命。這些因素，都在無形之中，模糊了頓悟思想的原有風貌。所以，在今天，如要還原或重新整理其論點，並非易事。不過，無可諱言的，這是一件十分具有挑戰性而且也值得去做的學術工作。本文之所以選擇道生的「頓悟思想」爲研究主題，動機在此。

而有鑒於前述學者們在頓悟思想方面研究之不足，本文計劃朝下面三個研究目標發展：

一、從道生存世的經疏資料以及當時整個學術發展的脈絡，定位出頓悟思想的可能淵源和實際的立說基礎。

二、由道生當時頓漸之辯的可見文獻裏，做一歸納過濾，以發掘出頓悟思想本身的可能義蘊。

三、透過頓悟思想對後代學術發展的實具影響，以重新貞定頓悟思想的重要地位和價值。

根據於上述的研究目的，本文的章節安排及撰述的方式如下：

第一章部分，本文首先就道生的主要外緣資料進行了解。全章共分三節，歷述道生之生平著述及其時代、學術背景。其中，本文特別重視第三節的部分；事實上，道生頓悟思想，最初的觀念萌始，起因於其學術背景的成分最大。而這裏，源自於師友傳承的思想，又明顯是型塑其頓悟義的重要來源，所以，「師友傳承影響」部分，本文另外做了比較精細的設計，希望能藉此豁顯出道生頓悟思想的淵源。

至於第二章裏，本文之所以強調般若與佛性爲頓悟思想的兩大理論基礎，主要是相應於道生「以不二之悟，符不分之理」這一主調而舖說（此處，道生所謂「不二之悟」，意指佛性究極的境界，而「不分之理」則是般若空理的同義詞），另外，也酌情於下列考慮：

第一、由於鳩摩羅什的進入關中，帶進了龍樹畢竟空的般若思想，使當時充滿老莊色彩的格義佛學，得以脫離玄理玄智的牢籠而邁入畢竟空的新境。當時佛教學者，無不競習畢竟空義理，蔚爲時風。道生曾師事羅什，而且其頓悟思想的「空理」論點，與畢竟空義理的關係十分密切。因此，研析其頓悟思想，不能不先熟諳般若。

第二、道生當時，儒學獨尊的局面雖已過去，但儒學的精神仍隱性地深植在傳統之中。以道生佛性思想爲例，便不時流露出佛教教理中國化的跡象，

錢穆認爲道生乃「以孔孟會通佛教」者，便是基於這種理解。而此一特色，在其頓悟的理念中，無疑是得到積極的深化，道生頓悟思想之所以能夠開出「頓悟成佛」的終極理境，與其佛性思想的關係，密不可分。因此，探討道生頓悟義之先，必先了解其佛性思想。

根據於上述的考慮，本文第二章乃專對於道生之般若與佛性思想，做比較詳細的敘述。在撰述的方式上，主要是以道生現存的著述資料爲主，而以經典文獻爲輔；其中，佛性思想部分，本文計劃由「本體義」和「工夫義」兩方面加以強調，基本上這是爲了學術處理的方便，並不意味佛性思想是可以做此種割裂（事實上，本體與工夫根本上是一體的），特別先在這裏釐清。

而通過這兩大理論基礎的明晰掌握，順勢便可導入第三章，處理頓悟思想的義理問題。

在第三章中，本文先從道生當時頓漸之爭入手。由於頓漸之爭牽涉到道生頓悟思想基本理論的建立，因此，了解頓漸之爭的實情，對於凸顯道生頓悟思想，助益甚大。其次，則計劃從頓悟義的關鍵字「理」和「悟」著手，搭配各種相關的資料和文獻，順著道生著述資料的主線，展開多角度的觀察，期望能藉此而發展出道生頓悟思想所具有的可能義蘊。由於道生的《頓悟義》、《頓悟成佛》等直接資料已佚，因此，本文在第三章透過「頓漸之爭」、「理」、「悟」等層面追溯頓悟思想的義理內容，只能說是衡估並還原道生頓悟原貌的一種嘗試，不敢說這絕對是唯一的答案。

其次，在第四章裏面，本文課求的主題，是偏重於頓悟思想的評價及現代意義上面。其中，評價的部分，基本上是以頓悟思想的學術貢獻及持續的影響爲主。而現代意義部分，則著重在頓悟根本理念（或精神）的現代運用。這兩部分的強調，可以幫助我們重新肯定頓悟思想的地位和價值。

最後，第五章是將本文的論述作一總結。

以上，大抵說明了本文寫作動機、目的、章節安排及撰述方式，希望能提供給讀者一些閱讀上的參考。底下，即正式進入本文第一章。

第一章　生平著述及其時代、學術背景

　　道生的思想，在晉末宋初的中國學術界裏，無疑是大放異彩的。他的許多見解，對當代均有極深透的影響，其中尤以頓悟（即頓悟成佛）思想的提出，貢獻最大。道生此一見解，不僅帶動了佛學的中國化、影響中國式佛學的建立，而且也使當時的知識分子，有機會從三家（儒、釋、道）長期分立的文化桎梏中解放出來，為「三家合一」觀的實現，預做奠基工作。

　　而道生之所以能在學術中大放異彩，除歸諸個人的天分以外，還拜受其師事閱歷以及整個時代、學術環境孕育之賜。因此，在正式探討其頓悟思想之先，首應了解其生平及時代、學術背景的大概。職是之故，本章擬分從道生的生平著述、時代背景和學術背景三部分，進行敘述。期望能由這些外緣資料的組織整理，概見道生的生命全貌，並做為連接其頓悟思想的媒介。

　　首先，便從道生的生平略歷及其著述開始。

第一節　道生之生平略歷及其著述

　　在本單元中，敘述的主題有二：一是從現有的道生傳記資料中，對其生平經歷做一概括的認識，一是透過相關文獻的整合，了解道生的著述情形。下面，我們先由道生的「生平略歷」部分入手。

一、生平略歷

　　道生，俗家本姓魏氏，原籍鉅鹿（今河北平鄉縣），僑居彭城（今江蘇銅山縣），生年不詳。〔註1〕關於他的家世，慧皎《高僧傳》稱「家世仕族，父

─────────────────────

〔註1〕近人魏汝霖在〈南北朝時代的佛學思想〉文中，則明指道生是生於東晉簡文帝咸安二年（西元372年），不知何據。該文收於《魏晉南北朝佛教小史》書

爲廣戚令，鄉里稱爲善人」（磧砂卅冊，頁 604），可見他是出身世代爲官的門第之家。在這種優渥的家族條件裏，道生敏銳的智慧，很早就得到父親的重視和喜愛，僧祐《出三藏記集》稱道生「幼而穎悟，聰哲若神。其父知非凡器，愛而異之」，〔註2〕就是對其早慧最具體的描寫。

至於道生何時出家，依現有文獻來看，仍無法指出確定的時間；〔註3〕不過，大約時間應在十五歲以前。他的歸依師父，是當時弘教於中國東南的般若學者——竺法汰，〔註4〕因爲歸依後隨附師姓，所以又名竺道生。僧祐稱道生服膺受業後，「僩思奇拔，研味句義，即自開解」，能夠如此地智慧大開，一方面固然得力於他的天賦，一方面可能就要歸功於竺法汰的適時點撥了。

由於天賦與名師的兩相助成，道生早在十五歲那一年，就已經有登座擔任講席的經驗，僧祐如是記載著當時的情形：

（道生）年在志學，便登講座，探賾索隱，思徹淵泉，吐納問辯，

辭清珠玉。雖宿望學僧，當世名士，皆慮挫辭窮，莫能抗敵。

從道生能使「宿望學僧」和「當世名士」都爲之窮辭挫慮這一點來看，可以證明其佛學與玄學素養，在這段時期裏，一定已經十分可觀了。

到了廿歲，道生的聲名達到高峯，僧祐曾作這樣的稱讚：

年至具戒，器鑒日躋，講演之聲，遍於區夏。王公貴勝，並聞風造

席；庶幾之士，皆千里命駕。生風雅從容，善於接誘。其性烈而溫，

其氣清而穆。故豫在言對，莫不披心焉。

身在諸多「王公貴勝」與「庶幾之士」的造席圍繞之中，道生不但沒有因此起我慢自大，反倒更加地策勵精勤，志求於道。爲了進一步體證真理，約在晉安帝隆安年間（西元 397～401 年），道生進入廬山，展開了七年幽棲隱居的修行生活。〔註5〕而也就在這段時期內，道生接觸了慧遠的般若與淨土思

中，請讀者參看。

〔註2〕 前述引文見梁僧祐《出三藏記集》卷十五〈道生法師傳〉。出自磧砂藏（本文簡稱磧砂）廿九冊，頁 354～355。在本節中，凡稱僧祐說，均指此〈道生法師傳〉資料，不再另註出處。

〔註3〕 魏汝霖則指道生於七歲出家，其說無據，難令人信服。其說出處見註1。

〔註4〕 僧肇在《肇論》中曾破「本無」思想。此本無思想即竺法汰所主張，重點在強調般若性空之理。《肇論》見嘉興藏（本文簡稱嘉興）廿冊。

〔註5〕 道生是否在具戒（廿歲）時就直接進入廬山，仍無確論。不過由慧琳直稱「中年遊學」來看，可能道生幽棲廬山的時間，是在廿歲以後。慧琳說見〈竺道生法師誄〉，磧砂卅一冊，《廣弘明集》卷廿三，頁 455。

想，並從學於當時毗曇學的大師──僧伽提婆，得窺小乘一切有部的教義。

後秦弘始三年（西元 401 年），鳩摩羅什應姚興之請，駐錫關中長安譯講佛典，吸引了大批知識沙門，道生大約也在此時，「與慧叡、慧嚴同遊長安，從什公受業」。〔註 6〕據說當時關中僧眾，凡接觸過道生的，對於他天稟的神悟，沒有一個人不欽服。所以，後來鳩摩羅什門下的四聖、八俊、十哲，〔註 7〕道生都身與其列。

宋釋慧琳在〈竺道生法師誄〉中稱：

中年遊學，廣搜異聞。自楊徂秦，登廬躡霍。羅什大乘之趣，提婆小道之要，咸暢斯旨，究學其奧。所聞日優，所見踰躓。（《廣弘明集》卷廿三，磧砂卅一冊，頁 455）

此即敘述道生在廬山和關中二地，學習大小乘思想的情形。頗值得一提的是，關中受業這段期間，尤其對於道生全盤思想的進展，提供很多有效的助緣。例如鳩摩羅什的般若（主要指龍樹的空觀哲學）與法華、十住等思想，對於道生後來的哲學發展，就有很大的刺激作用；而友輩中，被時人譽為「解空第一」的僧肇，更甚至曾與道生「同止數年，至於言語之際，常相稱詠」（《肇論》，嘉興廿冊，頁 266），影響當然也不小。除此以外，在關中期間，每天隨著鳩摩羅什新經的不斷譯出，加上諸多義學沙門的彼此切磋辯論，「所聞日優，所見踰躓」，各種有利條件充分孕育下，也使得道生的思想領域，得到空前的開發與充實。

按僧祐的記載，道生在吸收提婆及龍樹思想之後，曾潛心妙貫兼綜，最後提出兩者共通的悟境，道生說：

夫象以盡意，得意則象忘。言以寄理，入理則言息。自經典東傳，

譯人重阻，多守滯文，鮮見圓義。若忘筌取魚，則可與言道矣。

道生的一些重要主張，如善不受報、頓悟成佛、法身無色等等，幾乎都與此一悟境發生關連。印順法師在〈點頭頑石話生公〉文中，也特別歎賞道：

他（道生）的獨到理境，以佛法的思想來說，不愧為第一流的真常論者。他不受名迹的封蔽，能從名迹中解放出來，更進而淨化他。（《佛教史地考論》，頁 384）

〔註 6〕這是僧祐的說法。

〔註 7〕關於四聖、八俊、十哲的詳細名錄和演變情形，請參見湯用彤《漢魏兩晉南北朝佛教史》。頁 323～324。

此處，印順法師又將道生會通提婆、龍樹的思路，銜接到涅槃系統的真常論點上面去，使原本只是「從名迹中解放出來」的靜態活動，提昇為對現實人生的「淨化」。這正是道生在會通提婆、龍樹之後，思想發展的主要傾向。而這種積極且富創意的思想，却不幸成為當時「多守滯文」之徒所極力杯葛的對象。我們從慧皎《高僧傳》所云「守文之徒，多生嫌嫉，與奪之聲，紛然競起」（磧砂卅冊，頁604），即可見出當時衝突之激烈。而如是的義學糾紛，到了後來，竟然造成道生被擯的悲劇。

據僧祐記載：

> 六卷泥洹先至京都。生剖析佛性，洞入幽微，乃說阿闡提人皆得成
> 佛。于時大涅槃經未至此土，孤明先發，獨見忤眾。於是舊學僧黨，
> 以為背經邪說，譏忿滋甚，遂顯於大眾，擯而遣之。

當時所謂的六卷泥洹，指的是法顯的泥洹譯本。至於道生所主張的「一（阿）闡提人皆得成佛」說，在法顯的譯本內，不但沒有說載，反而還有恰成兩極化的對立意見。底下引其經文為證：

> 彼一闡提，於如來性，所以永絕，斯由誹謗，作大惡業。如彼蠶蟲，
> 綿網自纏，而無出處。一闡提輩，亦復如是，於如來性，不能開發，
> 起菩提因，乃至一切，極生死際。（《大般泥洹經》卷六，磧砂八冊，
> 頁801）

依此經文來看，既然一闡提永絕如來性（即佛性），其成佛之路自然亦隨之封閉。這是何以道生的主張，在當時特別突兀而容易被排斥的主要原因。而印順法師則認為：

> 一闡提人，是沒有出世意向的人；他無論如何，沒有解脫成佛的可
> 能。……在他（此指道生）敏銳的心目中，窺透了必至之理，才會
> 說闡提有佛性。但這是他卓越的先見，沒有經文可證，於是乎成為
> 大問題了。（《佛教史地考論》，頁392）

依此說明，印順法師認為道生之所以不受經文的遮視，而能直接觸及隱寓的必至之理，完全是出自敏銳卓越的先見。但也因為無經文為證，被誣指為邪論，遂造成他的被擯。

根據湯用彤的說法，道生被擯出走的年代，約在元嘉五年至六年（西元428～429年）間。〔註8〕在僧祐的記載裏面，道生臨走前，曾留下這樣動人的

〔註8〕此一說法的推論，見《漢魏兩晉南北朝佛教史》，頁620。

一幕：

> 生於四眾之中，正容誓曰：若我所說，反於經義者，請於現身即表
> 癘疾；若與實相不相違背者，願捨壽之時，據師子座。言竟，拂衣
> 而逝。

之後，道生直入吳中的虎丘山，有名的「頑石點頭」故事，便發生在虎丘山。
《佛祖統紀》這樣寫著：

> 師被擯，南還入虎丘山。聚石為徒，講涅槃經，至闡提處，則說有
> 佛性，且曰：如我所說，契佛心否？群石皆為點頭。（嘉興十冊，頁
> 747）

不管此事是否屬實，它都很能把道生對真理的執著，生動地刻劃出來。後來，
元嘉七年（西元 430 年），北涼曇無讖翻譯的四十卷《大般涅槃經》南傳，經
文果然印證了道生的說法，該經第廿六卷如是記載：

> 一闡提輩，以佛性故，若聞不聞，悉亦當得阿耨多羅三藐三菩提。
> 如佛所說，何等名為一闡提也，謂斷善根。如是之義，亦復不然，
> 何以故？不斷佛性故，如是佛性，理不可斷。（磧砂八冊，頁 667）

文中所謂「阿耨多羅三藐三菩提」，意指無上的正等正覺，那是對成佛境界的
描述語。足證「闡提成佛」的說法，也有教理上的依據。這使得道生立即得
到平反，並聲名大噪，所謂「涅槃聖」的尊稱，可能就是出於當時。「這個故
事，對堅定信念和追求真理的人，實是一大鼓舞」。[註9]

最後，道生結束生命的一幕，也十分特殊感人，僧祐記載當時的情形：

> 宋元嘉十一年冬十月庚子，於廬山精舍昇于法座。神色開明，德音
> 駿發，論議數番，窮理盡妙，觀聽之眾，莫不悟悅。法席將畢，忽
> 見塵尾紛然而墜，端坐正容，隱几而卒，顏色不異，似若入定。道
> 俗嗟駭，遠近悲涼。

在講席上端坐而逝，不但贏得了四眾道俗的嗟駭歡服，而且也應驗了當年「捨
壽之時，據師子座」的誓言。像道生這樣傳奇式的遭遇，歷史上可謂絕無僅
有。僧祐形容其「神鑒之至」，大概也是有感而出的。

二、著述

關於道生的著述，根據僧祐《出三藏記集》、慧皎《高僧傳》及陸澄的《法

[註9] 這句話是韋政通對竺道生的評斷，出自《中國思想史》下冊，頁 770。

論目錄》〔註10〕所載，共有下列十七種：

1. 《善不受報》僧祐、慧皎同載。
2. 《頓悟義》僧祐載。
3. 《頓悟成佛》慧皎載。
4. 《二諦論》慧皎載。
5. 《佛性當有論》慧皎載。
6. 《法身無色論》慧皎載。
7. 《佛無淨土論》慧皎載。
8. 《應有緣論》慧皎載。
9. 《維摩經義疏》僧祐載。
10. 《法華經義疏》僧祐載。
11. 《泥洹經義疏》僧祐載。
12. 《小品經義疏》僧祐載。
13. 《涅槃三十六門》陸澄載。〔註11〕
14. 《釋八住初心欲取泥洹義》陸澄載。
15. 《辯佛性義》（王稚遠問，竺道生答）陸澄載。
16. 《范伯倫問道生》往反三首　陸澄載。
17. 《竺道生答王休元問》一首陸澄載。

可惜的是，以上這些著作多已殘佚零散，目前尚見存且著錄於藏經的，只有《維摩經義疏》、《法華經義疏》、《泥洹經義疏》及《竺道生答王休元問》四種。其中，《法華經義疏》及《竺道生答王休元問》，還得以保存較完整的風貌；而另外兩種，則因為雜合別家注本，在系統上略顯支離。〔註12〕

〔註10〕《出三藏記集》和《高僧傳》，均有道生的傳記資料，道生部分著述即登錄在這些資料之中。至於陸澄《法論目錄》，則搜羅蕭梁前四眾僧俗作品，道生的著述僅居其一而已。目前所見的《法論目錄》，是刊併在《出三藏記集》的卷十二內（磧砂廿九冊，頁327～329），讀者可參照閱讀。

〔註11〕但依據《大唐內典》之記載，則「門」應作「問」字。請對照磧砂廿九冊，《大唐內典》卷十，頁620。

〔註12〕這四種文獻的出處分別如下：
（1）《維摩經義疏》　雜合於《注維摩詰經》中，見嘉興八冊，頁69～99。
（2）《泥洹經義疏》　雜合於《大般涅槃經集解》中，見大正藏（以下簡稱大正）七三冊，頁377～611。
（3）《法華經義疏》　見卍續藏（底下簡稱卍續）一五○冊，頁800～832。
（4）《竺道生答王休元問》　併錄於謝靈運〈辨宗論〉一文中。見磧砂卅一

在這裏，特別值得我們注意的是《泥洹經義疏》。依現存注本來看，是屬於三十六卷《涅槃經》改治本的注解，但揆諸僧祐《道生法師傳》，却有「六卷泥洹先至京師，生剖析佛性，洞入幽微」的記載，可見我們也不應排除道生注六卷泥洹的可能性。因此，現存《泥洹經義疏》很有可能是三十六卷本和六卷本的注疏總集。

另外，在陸澄《法論目錄》中，還收錄了下列幾種相關的文獻：〔註13〕

1. 〈與竺道生書〉　　　　　劉遺民
2. 〈與道生、慧觀二法師書〉　范伯倫
3. 〈問竺道生諸道人佛義〉　范伯倫
4. 〈述竺道生善不受報義〉　釋僧璩

四種裏面，除 4. 之外，都是書信往反之類，按理推想，可能道生也都有回書答覆。不過，這四種文獻均已亡佚，到底內容如何，我們仍然無法得知。

以上，分述了道生的生平略歷及其著述，希望經由這一過程，能在讀者心靈中，概略性地呈現出一幅道生的畫像。當然，這幅畫像可能還是廣略而空廓的，為了更積極表現其清晰度和生命感，接下來的步驟，我們便從道生的時代及其學術背景逐次闡明。

第二節　時代背景

這一單元，主要是以道生的政治，社會環境做為說明的主題，分別由當時的政治情勢、門第制度及黎民生活三處著手。首先，先了解政治情勢的問題。

一、政治情勢的紛亂

司馬氏的政治局勢，自始即是不穩定的。西晉統一還不到十二年，朝政就步入動盪不安之中，賈后、八王之亂，乃至接踵而至的西北民族入寇，顛簸的情勢，迅速地導致西晉的滅亡。其後，琅琊王司馬睿雖再繼祖祚，組織了一個偏安東南的東晉政權，但也還是在內憂外患兩相交煎下，風雨飄搖。

冊，《廣弘明集》卷十八，頁 415。

底下，為行文之便，《維摩經義疏》簡稱《維摩疏》，《法華經義疏》簡稱《法華疏》，《泥洹經義疏》簡稱《涅槃疏》。

〔註13〕陸澄《法論目錄》出處，參見註10。

　　以《晉書》的資料來看，東晉當時所面對的最大外患，便是南寇的北方胡人。《晉書帝紀》卷九中，就有許多條苻堅南寇的記載，舉其一二如左：

　　1. 孝武帝康寧元年：十一月，苻堅將楊安陷梓潼及梁益二州，刺史周仲孫帥騎五千南遁。（《晉書》卷九，頁 225）

　　2. 孝武帝太元元年：秋七月，苻堅將苟萇陷涼州，虜刺史張天錫，盡有其地。（《晉書》卷九，頁 227）

　　3. 孝武帝太元七年：九月，苻堅將都貴焚燒沔北田穀，略襄陽百姓而去。（《晉書》卷九，頁 231）

　　透過這些記載，戰場上兵器鏘鳴、人馬雜沓的情景，彷彿在目。晉室在應付苻堅的防禦戰上，完全居被動，處處顯得狼狽不堪、疲態畢露。雖然太元八年（西元 383 年）的淝水之戰，終於平定寇難，但也使晉室元氣大傷，加速滅亡的腳步。

　　此外，各地層出不窮的兵變，也對政局的穩定，構成嚴重的威脅和考驗，底下條紀數條，以見梗略：

　　1. 孝武帝太元十七年：夏四月，齊國內史蔣喆殺樂安太守辟閭渾，據青州反。（《晉書》卷九，頁 239）

　　2. 安帝隆安二年：秋七月，兗州刺史王恭、豫州刺史庾楷、荊州刺史殷仲堪、廣州刺史桓玄、南蠻校尉楊佺期等舉兵反。（《晉書》卷十，頁 250）

　　3. 安帝義熙六年：春二月，廣州刺史盧循反，寇江州。（《晉書》卷十，頁 261）

　　這些武裝政變，挑散了晉室團結的希望，使大局更加每下愈況，無怪乎劉裕能以風捲殘雲之勢，迅速地取而代之。

　　而在晉末諸多政治變動中，除前述的外患及兵變外，還有一項內在的禍害，也嚴重啃蝕晉帝國的基骨，那就是權臣的亂政。以簡文帝為例，在《晉書帝紀》卷九內，就記載如是一段資料，頗能將當時君臣的關係一語給道破：

　　　溫（桓溫）既仗文武之任，屢建大功，加以廢立，威振內外。帝雖
　　　處尊位，拱默守道而已，常懼廢黜。（《晉書》卷九，頁 223）

君臣關係演變至此，真正是人事已非、名存實亡的了。桓溫在簡文帝時，由於權柄在握，開口實大聲宏，常能決定時君的廢立。這使得當時在位的簡文帝日日肝腸憂煎，其處境之險惻難堪，令聞者都不禁為之戚然心酸。可怕的是，這種情形到了劉宋，不僅無法改正，還更變本加厲地惡化。《南史·宋本

紀》卷一，即有臣弒君之記載：

> 景平二年，六月癸丑，徐羨之等使中書舍人邢安泰弒帝於金昌亭。
>
> 帝有勇力，不即受制，突走出昌門，追以門關踣之致殞，時年十九。
>
> （《南史》卷一，頁 31）

徐羨之、邢安泰等人的弒君，不僅無視於犯上的大忌，而且還是手段殘忍、駭目怵心。由這種宮廷的內變來看，當時權臣的亂政，確已達到無法無天的嚴重地步了。

　　道生跨處晉宋兩代，以他生活的主要時期來講，就歷經了苻堅南寇、桓溫兵變及少帝被弒等等事件。如此特殊的客觀環境，對他可能也產生過影響。他運用佛教的真常學理，積極發展人類光明的一面，多少便具有對當代政治反省的意義。而終其一生與政治的絕緣，則更是最清楚的表白。

二、門第制度的壟斷

　　太康元年，司馬氏王朝頒布占田制。此一所有權制的改變，使士族可以順理成章地依據官品而佔有大量土地。同時，由於魏文九品中正制度的日益式微，變相地助長士族特權的發展，使士族地位大大提高。再加上這些士族團體自身的結構性變動，本來就不大，終於演變成極不合理的門第制度。

　　在門第制度下，士族們壟斷了大部分的政治活動、經濟利益以至文化資訊，使得出身較低的庶姓平民，根本失去競爭或入仕的機會。趙翼在《廿二史剳記九品中正篇》中，即將此情形鮮明托出：

> 段灼疏言：九品訪人，惟問中正，據上品者，非公侯之子孫，即當
> 途之昆弟。劉毅亦疏言：高下任意，榮辱在手，用心百態，求者萬
> 端。此九品之流弊見於章疏者，真所謂上品無寒門，下品無世族；
> 高門華閥，有世及之榮，庶姓寒人，無寸進之路；選舉之弊，至此
> 而極，然魏晉及南北朝三、四百年，莫有能改之者。蓋當時執權者，
> 即中正高品之人，各自顧門戶，固不肯變法；且習俗已久，自帝王
> 以及士庶，皆視為固然而無可如何也。（《廿二史剳記》卷八，頁 164）

這些高門華閥的壟斷，使得九品中正制與正常的政治結構，都受到根本上的破壞。所謂「高門華閥，有世及之榮，庶姓寒人，無寸進之路」，正是最具體的寫照。左思就曾對這樣的制度大表不滿，在《詠史》第二首中，有「世胄躡高位，英俊沈下僚」（《文選》卷廿一，頁 282）句，頗能將門庭狹隘的情形

反映出來。在「世冑」這種專利階級的襲斷下，寒素進取的途徑完全給壓抑住；而真正懷抱崇高理想志向的，最後也不過充任「下僚」而已。這樣不公平的懸殊待遇，當然會令庶姓士人憤懣不平、有志難伸。另外，《詠史》第六首裏，左思又說：

> 高眄邈四海，豪右何足陳。貴者雖自貴，視之若埃塵；賤者雖自賤，重之若千鈞。……英雄有屯邅，由來自古昔，何世無奇才，遺之在草澤。(《文選》卷廿一，頁 283)

這對於門第制度，也有相當的抨擊作用。事實上，從歷史的角度來看，門第制度正是導致兩晉和南朝政權內部權利分配不均、迭生爭執動亂，以及秀異人才始終難以出頭的重要原因。在這個時代裏，大部分有識的庶姓士人，進取無路的環境下，產生「高眄邈四海，豪右何足陳」的心態，是極自然的。其中，可能有人因此走向憤世嫉俗桀傲不群，有人會孤高自賞隱居山林；他們選擇的生活方式或縱或不同，但對門閥的深惡痛絕則一。

　　道生的主要生活時期，既是分布於晉宋之間，那麼諸如左太冲等文人所面對的客觀事實，道生一定也曾經體會到。這對他的思想和生活態度，當然也有影響如他所提出的「佛性」義，就是略異取同，以更廣袤的普遍真理，來嘗試誇越階級的差異。他說：「現佛性照極之時，不待食，離對待也」(《涅槃疏》，大正七三冊，頁 393)，佛性是遠離對待分別的，它指出人類共通的究竟真理。在道生而言，佛性具有豐富的創造活力，它足以使每個人皆成聖成佛，就此處言，則無論士族庶人都是平等的。此外，道生又說：「去已所封，入佛化也」(《涅槃疏》，大正七三冊，頁 390)，他認為只有蕩平階段、對立，泯除分別計執的封限，成佛才是有可能的。這些觀念，對於階級森嚴的門第制度而言，都無異是最有力的反擊。

三、黎民生活的困難

　　在昏亂萎頓的政局和不合理的門第歧視下，黎民常常是無謂的犧牲品，由於他們的出身輕賤，逼使他們必須終生承擔苦難。有時，如果再加上兵亂天災，其境遇就更加悲慘。《晉書‧食貨志》云：

> 惠帝之後，政教陵夷，至於永嘉，喪亂彌甚。雍州以東，人多飢乏，更相鬻賣，奔迸流移，不可勝數。幽幷司冀秦雍六州大蝗，草木及牛馬毛皆盡。又大疾疫，兼以饑饉，百姓又為寇賊所殺，流尸滿河，

> 白骨蔽野。……人多相食，饑疫總至，百官流亡者十八九。（《晉書》
> 卷廿六，頁 791）

這是發生在西晉永嘉亂後，社會的真實情形。那時，當頭壓落於百姓身上的，是「人多相食，饑疫總至」的殘酷命運，人民心中的悲愴絕望，不喻可知。

到了東晉，狂燃竄行的戰禍接踵而至，嗜血掠殺之徒，肆無忌憚地塗炭生靈，人民的生活就更形淒苦了。《晉書》卷一百十五云：

> 姚萇殘虐，慕容垂凶暴。所過滅戶夷煙，毀發丘墓，毒遍存亡，痛
> 纏幽顯。雖黃巾之害于九州，赤眉之暴於四海，方之未爲甚也。（《晉
> 書》卷一一五，頁 2945）

姚萇、慕容垂的年代，約當晉簡文帝及孝武帝二朝。〔註 14〕這段時期，剛好也是東晉政局最蹭跎動盪的時刻。由此，不難想像出，存活在此一時代罅縫中的生民，他們無奈的栖徨與痛苦。而根據《王羲之傳》的記載，在政府征役充運的壓力下，人民也常須付出慘重的代價：

> 自軍興以來，征役及充運，死亡叛散，不反者眾。虛耗至此，而補
> 代循常，所在凋困，莫知所出。上命所差，上道多叛，則吏與叛者
> 席捲同去。又有常制，輒令其家及同伍課捕，課捕不擒，家及同伍
> 尋復亡叛，百姓流亡，戶口日減。（《晉書》卷八○，頁 2098）

所謂「死亡叛散，不反者眾」、「百姓流亡，戶口日減」，不但徹底反映當時征役政策的失敗，而且還加速將已經孤薄無助的天下蒼生，，導入一個更黝暗的深淵。

另外，繁重的賦稅以及貪墨成性的酷吏，也像魔咒般的壓榨民脂民膏，形成黎民永無止盡的夢魘。黃淑梅在《六朝太湖流域的發展》一文中，曾說：

> 六朝時代典型的士族政治中，政府曲從士族的利益，剝下益上。士
> 族階級在政治及經濟上都能佔絕對的優勢，人民則在重賦及惡吏的
> 雙重壓迫下，民不聊生。（《六朝太湖流域的發展》，頁 175）

的確，在這樣的時代環境下，「民不聊生」是最嚴重的社會問題。在政府「剝下利上」的策略裏，擔當國家課稅及征役來源的，永遠是赤貧下戶，除非這些平民能翻身，否則就注定是要終生運旋在這些宿命的苦難中。

道生的思想，從這樣的時代中化育出來，自然他也有自己思想上獨特的

〔註 14〕如以西元易算，簡文、孝武二朝約當西元 362～396 年間。而後秦姚萇在位期
　　　　間是西元 384～393 年，後燕慕容垂則爲西元 383～396 年。

回應。例如「解脫者，人似未脫，而實解脫爲相也」（《涅槃疏》，大正七三冊，頁532），就是告訴世人：與其屈迹在不平的情緒裏，例不如從中涵養「解脫」的自在園地，只要現實煩惱能夠轉化成「人似未脫，而實解脫爲相」的觀照，便可毫無困難地，爲自己開展出一片蔚藍的天空。這是道生取汲自涅槃思想的妙悟，充分地彰顯出人類心靈雄偉遼濶的力量；它能使一個人即使在苦難重壓之下，也同樣展現大解脫的自在境界。

　　而以上所談的，都只偏向於政治與社會背景，對於了解道生思想，雖有幫助，但亦有其局限性。爲了有更全幅的掌握，底下接著從當時的學術背景來看。

第三節　學術背景

　　這一單元，主要重點在敍寫道生的學術背景，分由一、儒學衰微及玄學清談的興起；二、格義佛學內部的轉變，以及三、師友傳承的影響三部分著手。其中，二和三都直接關涉到當時中國佛學的思想潮流，對於了解道生思想之緣起，應有極大裨益。至於一，則在說明當代儒學與玄學消長的情形；平心而論，當時的儒學，在本質上已流於蠹空異化，而名士清談的玄學，與原始道家的格局，更是相異逕庭。底下，本文即先從一、的部分開始進行。

一、儒學衰微及玄學清談的興起

　　據《漢書‧儒林傳贊》載：

> 自武帝立五經博士，開弟子員，設科射策，勸以官祿，訖於元始，百有餘年。傳業者寖盛，支葉蕃滋，一經說至百餘萬言，大師眾至千餘人，蓋祿利之路然也。（《漢書》卷八八，頁3620）

又同書〈藝文志〉亦載：

> 後世經傳，既已乖離，博學者又不思多聞闕疑之義，而務碎義難逃，便辭巧說，破壞形體。說五經之文，至於二三萬言，後進彌以馳逐，故幼童而守一藝，白首而後能言。安其所習，毀所不見，終以自蔽，此學者之大患也。（《漢書》卷卅，頁1723）

足見兩漢讀書人，已經深爲章句之學的支離煩碎所苦了。試想，章句訓詁竟能演變到「一經說至百餘萬言」的地步，而幼童執守一藝，也必須「白首而後能言」，兩漢經學之蔽，眞是令人瞠目結舌、匪夷所思的了。

《後漢書》卷卅五〈鄭玄傳〉又云：

> 自秦焚六經，聖文埃滅。漢興，諸儒頗習藝文；及東京，學者亦各
> 名家。而守文之徒，滯固所稟，異端紛紜，互相詭激。遂令經有數
> 家，家有數說，章句多者或乃百餘萬言，學徒勞而少功，後生疑而
> 莫正。（《後漢書》卷卅五，頁1213）

經學不僅有章句煩碎之蔽，還存在著家法師承的藩籬之見。兩漢著名的今古
文之爭，即是最典型的例子，他們為了爭利祿學官，相互攻伐，喧嚷不休，
已是歷史上公認的事實。這些都在無形中，促使儒學走向衰微的命運。到了
東漢末年，朝廷內有外戚擅權、宦官為禍，外有異族入侵，境內又盜賊四起、
天災流行。董卓、曹孟德之輩復相競削斲名教。兩漢儒學在內部經學的紛亂
中，本已元氣大傷，再加上這些致命的破壞，它的命運當然就更加日薄西山
了。

緊隨於儒學衰微而出現的，便是從禮法和傳統桎梏中解放出來的玄學文
化——名士清談。

干寶在《晉紀總論》中，對名士清談有這樣的敘述：

> 學者以老莊為宗而黜六經，談者以虛蕩為辨而賤名檢，行身者以放
> 濁為通而狹節信。（《文選》卷四九，頁691）

所謂「以老莊為宗而黜六經」，正是典型魏晉玄學的反映，而「以虛蕩為辨而賤
名檢」，則在說明清談本身只重境界而不務實際的情形。至若「行身者以放濁為
通而狹節信」，則是對名士們卸除人性束縛和禮教枷鎖後的放浪形骸，做批判式
的說明。這段文字，對於玄學清談的基本性格，確是扼要而傳神的表達。

而牟宗三先生在《才性與玄理》中，如是說道：

> 名士人格是藝術性的，亦是虛無主義的，此是其基本情調。從其清
> 言清談、玄思玄智方面說，是極可欣賞的。他有此清新之氣，亦有
> 此聰明之智，此是假不來的。從其無所成而敗壞風俗方面說，則又
> 極可詛咒。因為他本是逸氣棄才，而無掛搭處，即有之，他亦不能
> 接受之。此其所以為可悲。他不能己立而立人，安己以安人，因為
> 只是逸氣之一點聲光之寡頭揮灑，四無掛搭，本是不能安住任何事
> 的，此其所以為虛無主義。由此觀之，完全是消極的、病態的。然
> 由其玄思玄智方面說，他亦有積極的作用，他能開出哲學境界，特
> 定地說，他可以作為消融佛教之媒介。（《才性與玄理》，頁71）

所謂「逸氣棄才」一語，其蘊蓄的怫鬱無奈，是令人感慨萬端的；尤其名士們「四無掛搭」的虛無情調，更加透露出玄學在現實生活上的無能爲力。牟之所以直斥名士清談爲消極病態，並不是沒有原因的，當然，玄學也有積極的一面，它的「玄理玄智」，後來就爲佛教思想的進入中國，擔任架橋的工作。兩晉南北朝大盛的格義佛學，就是因此而產生的。

　　道生的時代，跨處晉宋之際，當時儒門早已淡薄，屬於新道家的玄學又以融入格義色彩而蔚爲時風，可以說這兩種屬於中國的思想，在當時顯然都面臨了劇烈的考驗。而道生的時代，也正是佛學剛開始脫離祭祀迷信，導向義學發展的關鍵期。在這樣重要的文化轉型時刻，他所採取的文化認同以及統會異說的態度、氣魄，無疑都是令人絕賞的。以其佛性思想爲例，基本上就與性善論有精神的雷同，而「理歸一極」的觀點，更有意於將印度佛學與中國傳統熔爲一爐。這種既能趨新又能不捨傳統的心態，不僅在當代發揮了三家合流的帶頭作用，即令在今日，也都有不可磨滅的意義。

　　底下，我們接著探討的是：道生時代的格義佛學情形。

二、格義佛學內部的轉變

　　格義一語，最早在《出三藏記集》收錄的僧叡〈喻疑論〉一文中，已有提及。而正式對格義進行界定的，則始見於慧皎《高僧傳》的〈竺法雅傳〉。底下分別引錄之：

　　　　（一）〈喻疑論〉：漢末魏初，廣陵、彭城二相出家，並能持任大照。尋味之賢，始有講次。而恢之以格義，迂之以配說。（《出三藏記集》卷五，磧砂廿九冊，頁283）

　　　　（二）〈竺法雅傳〉：雅乃與康法朗等，以經中事數，擬配外書，爲生解之例，謂之格義。（《高僧傳》卷四，磧砂卅冊，頁585）

由此可見，格義基本的精神，就是試圖以中國現有的本土思想（即外書之屬）爲界面，使其發揮接引佛理的功能。「這在文化傳播上言，是一種妥協的方法；在佛教本身上言，則是一種方便的手段。」〔註15〕不過，卻也因爲太形諸妥協和方便，而使得傳達佛理的精確性，大打折扣。如當時對般若的詮釋，學者往往即恣意附會老莊之說，製造了許多渾噩朦朧、削足適履的說法。如此一來，格義不僅難以有效彰顯佛典的原旨，有時還甚至可能造成「滯文格義」、

〔註15〕這是林傳芳對格義的觀點。此語見《魏晉南北朝佛教小史》收錄之林傳芳〈格義佛教思想之史的開展〉文，頁84。

「義多乖謬」的情形。（二語見《出三藏記集》卷十四，磧砂廿九冊，頁 345）

　　〈僧光傳〉中，道安就曾說：「先舊格義，於理多違。」（《高僧傳》卷五，磧砂卅冊，頁 592）這是教理研究上的重要反省。從道安之後，「以佛教研究佛教」的向走，才開始被重視。可惜的是，道安囿於時代和個人的因素，並無十分具體的建樹。而他之反對格義，亦只是軟性消極的反對，從他實際的翻譯或撰述作品來看，傳統格義的缺點依舊存在著。後來，真正能糾正格義流弊的，是弘始三年入華的鳩摩羅什。

　　林傳芳在〈格義佛教思想之史的開展〉文中，對鳩摩羅什曾作下列的敘述：

> 從思想史的方面看，漢代以來的佛學研究和佛理發揚，無不附和假託於中國傳統思想，故可概稱為格義佛教時代，而羅什來華後，新譯經論疊出，而且譯法正確，從前的模糊不清的部分，可以獲得明朗的解答，故可以糾正格義的錯誤。（《魏晉南北朝佛教小史》，頁103）

鳩摩羅什之所以能澄清糾正過去格義的錯誤，除仰仗其疊出的新譯經論外，最主要還是得歸功於他個人圓熟的漢譯能力。〔註16〕僧祐說他的譯本為「義皆圓通，眾心愜服，莫不欣讚。」（《出三藏記集》卷十四，磧砂廿九冊，頁345）就是稱許羅什所譯，既能合契梵本原義，又能普遍為知識階層所欣然容受之故。在羅什的努力下，蟄伏於傳統格義氛圍中的教理，終於得到全新的釋放、破繭重生。其中最受重視的，便是龍樹畢竟空義理的引入，它解決了學界長久以來的般若爭議，令時人疑情頓釋、眾心愜服。

　　在羅什以後，雖然「擬配外書，為生解之例」的格義仍舊存在，但從當時學者撰述，已可見出明顯轉變。如羅什弟子僧肇的〈涅槃無名論〉，雖在文字上仍充滿玄學的語彙，但所表現的卻是龍樹的實相理境，絲毫不受玄學虛無思想所粘滯，僧肇解「涅槃」一義時，如是說道：

> 然則法無有無之相，聖無有無之知；聖無有無之知，則無心於內，法無有無之相，則無數於外。於外無數，於內無心，彼此寂滅，物我冥一，怕爾無朕，乃曰涅槃。（《肇論》卷下，嘉興廿冊，頁267）

〔註16〕羅什未入華之前，曾因呂光事件淹留涼州達十七年之久。這對其漢語能力顯有相當的幫助，他在長安譯經之所以能順利無礙，與先前在涼州淹留所立下的基礎，關係很大。

其中，「無心於內」破斥了我執，「無數於外」破斥法執，在我法二空中所呈現的，正是龍樹「物我冥一，怕爾無朕」的畢竟空境界。類似的詮釋態度，一樣見諸道生的作品內，例如他在處理頓悟思想中「理不可分」的概念時，即曾援引「無爲」和「無」的語言形式，對二者進行一番脱胎換骨的解釋，使之完全成爲不二空理的同型觀念。關於這一點，本文稍後將予詳述，於此不贅。

此處值得強調的是：由於羅什的影響，導使當時的格義佛學，在內部的體質上有了全新的轉變，這不但爲佛教教理的研究建立正確可靠的保障，而且也爲「以佛教研究佛教」的理想，展佈光明的遠景。依此可見，道生與其師羅什的學術關係，是十分密切的。順此思路，接著便由「師友傳承」這一角度，概覽道生思想之淵源。

三、師友傳承的影響

從師承的立場言，如第一節所言，道生先後歷事竺法汰、僧伽提婆及鳩摩羅什三人。其中，從學竺法汰期間，道生接觸了早期格義思潮中的般若學，奠定其慧學的基礎。而在廬山親近僧伽提婆時，則學習了有部阿毗曇的思想，促發其對外境萬法的如實體認。至於關中時期，道生更是透過鳩摩羅什而接收空觀、十住、法華等義理。這些源自師承的豐富思想礦藏，都是道生思想的重要淵源。

此外，道生友輩中的慧遠、慧觀、慧嚴、僧肇等人，也與道生思想之形成有緊密連繫。尤其是慧遠的法身思想和僧肇的般若觀，早在當代即已深受時人推仰欣賞；他們的重要論點，必亦爲道生所熟稔，可能在無形中也蛻化成道生思想的部分淵源。

順著這個脈絡，底下便嘗試將道生源自師友傳承的影響，約化爲六個層面略述之。

（一）阿毗曇思想

據僧祐〈僧伽提婆傳〉載（《出三藏記集》卷十三，磧砂廿九冊，頁 343），僧伽提婆曾在太元十六年（西元 392 年），於廬山譯出《阿毗曇心》及《三法度》等有部經典，並曾於隆安元年（西元 397 年），應衛軍王珣之請，續譯《中阿鋡》一部。道生幽棲廬山七年期間，對這些小乘典籍，想必並不陌生。

於關「阿毗曇」一語，按照釋道安的說法是：

> 阿毗曇者，秦言大法也。眾祐有以見道果之至賾；擬性形容，執乎
> 真像，謂之大也。有以道慧之至齊；觀如司南，察乎一相，謂之法。
> 故曰大法也。（見道安〈阿毗曇序〉，《出三藏記集》卷十，磧砂廿九
> 冊，頁 315）

至於其主要內容，道安則作如下之敘述：

> 佛般涅槃後，迦旃延（義第一也）以十二部經浩博難究，撰其大法
> 為一部八犍度四十四品也。其為經也，富莫上焉，邃莫加焉。……
> 其說智也周，其說根也密，其說禪也悉，其說道也具。（出處同前）

可見阿毗曇的緣起，原就是為整理和解釋佛說而設計的。由於它起源自迦旃
延，並經過了有部佛學的發展，所以許多重要的觀念，除了仍準則於原始佛
教的規模外，並且也能把有部的教義表現出來，這是其最重要的特色。而其
根本論點，則是主張將萬法分梳為色心二義，並強調「心」是一切萬法最根
本的起源。這種觀念，不但在組織上達到了「周」、「密」、「悉」、「具」的地
步，而且也為後來護法唯識思想的進入中土，預做舖路工作。

根據陸澄《法論目錄》之《色心集》（《出三藏記集》卷十二，磧砂廿九
冊，頁 327）記載，梁以前學者間的色心論辯即已高達廿五次，可見毗曇思想
在當時的佛學界中，確已相當盛行。道生既曾師事僧伽提婆，對此一思想自
然浸潤亦深，他的頓悟思想中，有所謂「信解」與「見解」者，就與毗曇思
想有關。

（二）般若思想

般若思想是佛教慧學的主要骨幹，它是一種透視現象、實現生命的智慧。
在兩晉南北朝時代，幾乎大部分的佛教學者，都精研般若；而此一思想，也
在當時佛道二家之間，擔任邊際溝通的角色，形成非常獨特之中國式的格義
佛學。關於格義佛學，前面略已提及，於此不作贅述。此處值得一提的是，
這種般若思想因為囿於格義，再君以譯本的紛沓不一，常造成學者以己見觀
解般若的現象，東晉時代，談般若者便已有「六家七宗」之分歧，足見中國
早期般若思想的混亂。道生經由竺法汰和慧遠所了解的般若思想，嚴格說來，
仍屬這一類中國式的般若，與真正天竺的學統，還是有一些距離。

後來，弘始年間，由鳩摩羅什所引進的《中論》、《百論》、《十二門論》、
《大智度論》（以上皆龍樹作品），才將這段距離取消，並為當代的般若學帶
來新的刺激，拓啟空觀哲學研究的序幕。僧叡（鳩摩羅什弟子）的〈中論序〉

云：

> 夫百樑之構興，則鄙茅茨之側陋；觀斯論之宏曠，則知偏悟之鄙倍。
> 幸哉！此區之赤縣，忽得移靈鷲以作鎮；鍼誠之邊情，乃蒙流光之
> 餘惠。而今而後，談道之賢，始可與論實矣。（《出三藏記集》卷十
> 一，磧砂廿九冊，頁 321）

所謂「茅茨之側陋」與「偏悟之鄙倍」，似乎即爲羅什前般若學研究之寫照，
而僧叡推許《中論》的問世爲「移靈鷲以作鎮」、「談道之賢，始可與論實」，
則可視爲時人對龍樹空觀哲理的普遍肯定。事實上，龍樹畢竟空的論點，在
後來般若學的發展上，便是扮演領導的角色。與道生同事羅什的僧肇，就以
「解空第一」而騰譽當時，他的〈般若無知論〉一文，曾深受道生珍愛而携
入廬山。〔註 17〕由這些事實來判斷，道生對於當代的般若思想，一定也有相
當的深透與認識（他在頓悟思想裏所提出的「理」，便和龍樹的空觀，有直接
的關連）。

（三）法身思想

法身思想，是依實相爲主要課題，原是般若體系內的一個重要主脈，由
於它受到時人熱衷的討論，所以很快便晉升爲一個獨立的學門。與道生同時
的慧遠，就是這一思想領域中的重要學者。而當時法身思想涵攝的範圍，相
當龐大，除了討論法身之像類、壽量、形相、感應等問題外，並且還包括了
國土淨穢等問題。參與這些討論，往往必須兼通毗曇、般若、法華諸學，並
廣攝禪修內證及閱讀典籍的經驗，才能勝任。因此，此一領域的開拓，在道
生當時是很具有挑戰性的新課題。慧遠著名的《大乘大義章》一書，就是法
身思想流行學界的有力證明。〔註 18〕

道生棲遊匡廬時，既曾值遇慧遠，那麼對於慧遠所專擅的法身思想，自
然也耳熟能詳。遺著中的《佛無淨土論》及《應有緣論》，雖已亡佚難考，但
據題名來看，與法身思想關係都很大。以道生經疏爲例，他就曾經用「理」

〔註 17〕當時劉遺民曾在《致僧肇書》中說：「去年夏末，始見生上人，示無知論。才
運清儁，旨中沈允，推涉聖文，婉而有歸。披味慇勤，不能釋手。」其中的
「生上人」，即指道生。這段資料見於嘉興廿冊，《肇論》卷中，頁 265。
〔註 18〕《大乘大義章》即《遠什大乘要義問答》，又名《鳩摩羅什法師大義》，見大
正八九冊，頁 122〜140。此書全爲慧遠與鳩摩羅什往反答問的記錄，這本書
不但反映慧遠當時法身思想的盛況，而且也是今天學者了解慧遠淨土法門淵
源的重要依據。

的角度，接通法身思想，表現出「佛無淨土」和「應有緣」的觀念。《法華疏》中，道生如是說：

> 聖既會理，則纖爾累亡。累亡故，豈容有國土者乎？雖曰無土，而無不土。無身無名，而身名愈有。故知國土名號、授記之義者，皆應物而然。（卍續一五〇冊，頁 819）

道生的頓悟理念，便是從這種法身的論點中，逐漸蛻化出來的。在介紹道生頓悟理論基礎時，本文將從法身實相和「理」的結合另做深入討論，於此不必重覆敍說。

（四）十住思想

「十住」，亦名十地，原是華嚴體系中的一環。道生當時，廣釋十住的經典有竺法護譯的《漸備一切智德經》及羅什譯的《十住經》（與竺法護譯本爲同本異譯）兩種，另外在《大智度論》及《十住毗婆沙》（二書皆羅什譯傳）也有相關的討論。依羅什譯《十住毗婆沙》卷一記載，十住（地）的界定是這樣的：

> 菩薩在初地，始得善法味，心多歡喜，名歡喜地。第二地中，行十善道，離諸詬故，名離垢地。第三地中，廣博多學，爲眾說法，能作照明故，名爲明地。第四地中，布施持戒，多聞轉增，威德熾盛故，名爲炎地。第五地中，功德力盛，一切諸魔不能壞故，名難勝地。第六地中，障魔事已，諸菩薩道法皆現在前故，名現前地。第七地中，去三界遠，近法王位故，名深遠地（即遠行地）。第八地中，若天魔梵沙門婆羅門，無能動其願，故名不動地。第九地中，其慧轉明，調柔增上，故名善慧地。第十地中，菩薩於十方無量世界，能一時雨法雨，如劫燒已，普澍天雨，名法雲地。（磧砂十六冊，頁245）

以上是將菩薩不同階段的證量，分爲十種層級，其中，「七地」是引發道生當時頓漸之爭的主要核心，關於這一點，本文稍後將另闢專節詳細討論。

根據陸澄《法論目錄》（《出三藏記集》卷十二，磧砂廿九冊，頁327）載，梁以前的傅叔王、謝慶緒、釋曇遇等人，已曾有專題討論十住的紀錄。而隋碩法師《三論遊意義》所登錄的大小頓悟七家（大正八九冊，頁 121），也深刻反映道生當時十住思想被討論的情形。即以道生個人著述言，《頓悟義》、《頓悟成佛》、《釋八住初心欲取泥洹義》，亦莫不與十住息息相關。這些都可以說

明，羅什所傳譯的十住思想，對道生影響程度是很大的，尤其是他的頓悟思想，如果沒有十住爲媒介，根本無從展開。

（五）法華思想

據費長房《歷代三寶紀》卷三記載，羅什是在弘始七年（西元 406 年）正月出《法華經》七卷（《歷代三寶紀》卷三，磧砂廿九冊，頁407），道生當時可能也參與譯事，因此他接觸法華思想的年代，可謂相當早。與道生同學的慧觀，在〈法華宗要序〉一文中，對法華的思想有簡單扼要的說明，他說：

> 翳有淺深，則昏明殊鏡。是以從初得佛暨于此經，始應物開津。故三乘別流，別流非眞，則終期有會，會必同源，故其乘唯一。唯一無上，故謂之妙法。（《出三藏記集》卷八，磧砂廿九冊，頁300）

其中，「應物開津」及「三乘同源」是法華義理中最精粹的部分，它暨能彰顯釋迦開權顯實的終極用意，而且也對佛陀的智慧和慈悲，做了貼切的說明。道生在元嘉九年注《法華經》的時候，曾將法華的義理，尊奉爲「眞實法輪」（《法華疏》，卍續一五〇冊，頁800），並說：

> 佛以濁世人無大志，而所以佛理幽遠，不能信之。抑使近人，作三乘教耳。雖曰說三，恒是說一。（《法華疏》，卍續一五〇冊，頁808）

所謂「雖曰說三，恒是說一」的實教精神，不僅凸顯了法華的論旨，而且也是頓悟思想中「理歸一極」觀的主要來源；道生的頓悟，之所以是十住的大領悟，與法華「恒是說一」的實教精神，是密不可分的。

由此可見，羅什所傳出的法華思想，對道生的影響也相當深遠。

（六）涅槃思想

以兩晉南北朝佛學的發展順序言，涅槃思想是後出的，但卻由於其本體佛性的義理，深契於中國人的性格，並可補般若思想的不足；所以，流行時間雖短，卻迅速取得與般若思想桴鼓相應的重要地位。

一般而言，般若思想與涅槃思想，其表現的方式極大不同：前者是以遮撥的方式剖示現象的虛妄，呈現體法入空的境界；而後者則是依冷靜的觀照抉摘不變的實體，取得對眾生眞常佛性的充分肯定。但仔細尋思，兩種思想又非截然分爲二橛，因爲從破斥現象虛妄到建立佛性眞常，其實整個過程就是一個交光互影的整體，不容割裂。這是道生思想由般若而進入涅槃的重要內在依據。

而據慧皎的《曇無讖傳》記載：

> 元嘉中……慧觀法師志欲重尋涅槃後分，乃啟宋太祖資給，遣沙門
> 道普，將書吏十人，西行尋經。至長廣郡，舶破傷足，因疾而卒。
> 道普臨終歎曰：涅槃後分，與宋地無緣矣。（《高僧傳》卷二，磧砂
> 卅冊，頁 575）

又《慧嚴傳》記載：

> 大涅槃經初至宋土，文言致善而品數疏簡，初學難以厝懷。嚴乃共
> 慧觀、謝靈運等，依泥洹本，加之品目。文有過質，頗亦改治。（《高
> 僧傳》卷七，磧砂卅冊，頁 605）

由此可知，道生友輩中的慧觀、慧嚴、謝靈運等人，對於發展涅槃佛性思想
也始終不遺餘力，他們的投入，可能也都是幫助道生日上層樓的有利助緣。
尤其謝靈運，其傳述道生頓悟義的《辨宗論》，更是深契道生的思想核心，成
為今天研究頓悟思想必不可缺的依據，其重要性當不在話下。

綜上所述可知，道生思想之形成，與其師友傳承的關連是密不可分的。
湯用彤在《漢魏兩晉南北朝佛教史》中曾說：

> 晉宋之際，佛學上有三大事。一曰般若，鳩摩羅什之所弘闡。一曰
> 毗曇，僧伽提婆為其大師。一曰涅槃，則以曇無讖所譯為基本經典。
> 竺道生之學問，蓋集三者之大成。（《漢魏兩晉南北朝佛教史》，頁
> 601）

道生之所以能集般若、毗曇、涅槃三者之大成，源自師友的幫助是很大的。
尤其道生在後來，他能縮合當代佛學思想，並融攝傳統文化信念，推極致盡
地開展領悟的義理格局，鼓鑄一代佛學的高潮，師友傳承對他的侵蘊之功，
是不容輕忽的。

而經由本章對道生外緣背境的大致整理，我們對其生命全貌已有相當的
認識。在這一基礎之上，我們可以進一步伸展觸角，從般若空觀和涅槃佛性
兩個層面的深化，以凸顯頓悟思想的兩大理論基礎。本文的下一個步驟，便
由此一理路予以展開。

第二章　頓悟思想的主要理論基礎

　　道生的頓悟思想，在當時可謂獨闢蹊徑、不逐時流，而推尋其所以立說的主要理論依據，則原來自於兩個思想體系的支持，其中一個是般若思想，另一則爲佛性思想。

　　爲了發掘道生頓悟思想的豐富內涵，同時說明其立說的來龍去脈。底下，我們便嘗試順著般若與佛性的線索，對相關資料做一有系統的歸納和過濾。希望透過這個步驟，能積極顯發道生頓悟思想的原型理念，並說明他在般若與佛性領域上鞭辟入裏的獨到見解。

　　首先，我們先由道生的般若思想開始。

第一節　般若思想

　　在上一章中，本文曾經提到，由於鳩摩羅什的提倡龍樹學，導使當時的般若思潮轉向畢竟空的義理上發展，並迅速在學界建立權威的領導地位。道生既然曾經從學於羅什，對於這門當代的顯學，自然也很熟悉，以他的頓悟論點爲例，就處處可見般若神采的流露。因此，般若思想之掌握，原是進入道生頓悟域的必要管道。

　　而本單元爲了進一步展開道生的般若思想，擬從下面四個論點分別闡明，這四個論點分別爲：

　　一、絕待的空性

　　二、言語道斷的不二門

　　三、「生死即涅槃」的二諦相即義

　　四、法身實相之理

其中，一所處理的主題，重點是在強調出「空性」在道生般若思想中的關鍵地位。二則是依道生的思想理路，以探尋「言語道斷」的真實義諦。而三的基本論點，是沿用龍樹「生死即涅槃」的思維模式，以證示道生對於二諦相即乃至真空妙有的深刻體悟。至於四則是用「理」縮結法身、實相，以凸顯道生對空義哲理的如實認知。

般若空理是形成道生頓悟思想的一股重要力量。它的一些基本論點，常是以遮撥或絕待的方式呈現出來，這些迥異平常的表現方式，實即意謂著人類思維構造本身的革新。其中，「絕性的空性」就是很顯著的示例，底下，就先從「絕待的空性」予以展開。

一、絕待的空性

龍樹在《十二門論》中，曾說：

> 眾緣所生法，是即無自性。若無自性者，云何有是法。（磧砂十六冊，頁 149）

又於《中論》言：

> 眾因緣生法，我說即是空。何以故？眾緣具足，和合而物生，是物屬眾因緣，故無自性。（《中論》卷四，磧砂十六冊，頁 59）

這些見解，可代表佛教對緣起法的基本立場。

根據印順法師的說法，「緣起」的界定是這樣的：

> 起是生起，緣是果法生起所因待的。約從緣所生起的果法說，即緣生；約從果起所因待的因緣說，即緣起。……趤實地說：「此有故彼有，此生故彼生」二句，是緣起的主要定義。……所以佛說緣起，不但說「此有故彼有」的生起，而且說「此無故彼無」的還滅。依他而有生，必依他而無而滅，這是深刻的指出緣起的內在特性。（《中觀今論》，頁 60）

由此可知，緣起的本身是不能獨立自存的，它必須透過一定條件的縮結聚集，才能安立。所以，就其緣生的「果法」而言，緣起的存在並非永恒，因為「依他而有而生，必依他而無而滅」。基本上，緣起的道理雖可適用於宇宙的各方面，也可充分解釋宇宙一切有情眾生的所有經驗（在其體的現象界或抽象的心理層面上，緣起都是一個不變通則），不過，以究竟的佛學立場言，它的本身還是「無自性」的，龍樹所謂的「屬眾因緣，故無自性」，似乎可以充分反映這一深透的洞見。

至於何謂自性，依印順法師《中觀今論》的解釋，乃為：

> 自性是自己如此的，也是本來的性質如此的。如哲學上所說的實
> 在、本體、本元等，皆與此自性的含義相合。(《中觀今論》，頁64
> ～65)

在這裏，我們不難窺知，緣起和自性二者是不容並存的。前者必須要依他才能存在，後者却完全可以自己規定自己，無怪乎龍樹會有「眾因緣生法，我說即是空」的見解。

道生對於這層道理，想必亦體驗深刻，他在《維摩疏》裏面，就曾說：

> 從他生，故無自性也。既無自性，豈有他性哉？然則本自不然，有
> 何滅乎？故如幻。(嘉興八冊，頁75)

此處道生不僅洞徹了緣起，並以「無自性，豈有他性」的方式遣除一般人的相對觀念（如有無、高下、美醜、善惡……等等），以彰顯「本自不然，有何滅乎」的空性境界。基本上，這都是般若空觀最典型的理路，它先教人洞視緣起在本質上的虛妄，再進一步超越已經被泛濫行使的分別對待執著，期求在破除成心後，揭示一個消除對待的解脫之路。而此一究竟解脫之路，就是絕待的空性。通過它，般若思想中的無住無寄的畢竟空義理。才能作無礙的顯現。印順法師云：

> 緣起與空是相順的。因為緣起是無自性的緣起，緣起必逢畢竟空。
> (《中觀今論》，頁80)

這點，和道生的思路是相應證的。

在道生著述裏，雖然沒有正式使用「空性」一語，但許多同型的觀念，却都可以表現空性的特質。底下節引數則為例：

> 1. 不偏見者，佛性體也。(《涅槃疏》，大正七三冊，頁544)
> 2. 苟特定而來者，於定為不等矣。……是都無所等也。既無所等，
> 何有等定而可恃乎？(《維摩疏》，嘉興八冊，頁75)
> 3. 十二因緣為中道，明眾生是本有也。若常則不應有苦，若斷則無
> 成佛之理。如是中道觀者，則見佛性也。(《涅槃疏》，大正七三冊，
> 頁546)

此處的「不偏見」，主要是指對一切實有見解的超越，這和畢竟空的意義是相通的。而「都無所等」的絕待精神，與空性的特質也剛好完全呼應。至於「中道」的觀念，運用不常不斷的遮詮方式，與龍樹在《中論》內提及的「八不」

〔註1〕一樣，同是對空性作一推極致盡的開展。可見道生雖不曾直接援引「空性」一語，但蕩相遣執的空性色彩，却充分流露在字裏行間。

　　而以行門的立場言，空性的獲得，最主要還是源自個體心靈的開悟與內證，進而才有可能驗證於實際的存在經驗上。因此，空性在本質上，便不能以言語思辨的概念來處理，這是爲什麼空性的發展，必然要走向「言語道斷」的主要原因。

二、言語道斷的不二門

　　嚴格地說，將空性視爲一種可依思維推理獲得，且可依言語加以相當控制的概念，此乃方便的想法。事實上，空性是一非經驗層的絕對智慧，很難以經驗層的言語思辨來進行接觸。但在無任何客觀可解的情況下，空性又不得不借助於語言文字及思辨的間接途徑，而顯示在眾人之前。所以，凡是依言語思辨而觀察空性者，總必須要先警覺到言語思辨自身工具性的局限，將眞理與工具劃分得歷然不漬，並且要勇於在悟入眞實空性的當下，做一個捨離工具的超越決定。《維摩詰經》之所以特別強調「言語道斷」的觀念，原意也就在破除人們對言語思辨的執著，而道生亦認爲「言旨既現，不復渾迹」（《涅槃疏》，大正七三冊，頁 406），同樣主張對此執見的蠲棄。在《涅槃疏》之中，道生曾針對這個問題，作過以下的釐析：

　　　　文字語言當理者是佛，乖則凡夫。於佛皆成眞實，於凡夫皆成俗諦。
　　（大正七三冊，頁 464）

此處的「理」字，是法身實相的空理（稍後將言及），也就是空性所證得的究竟實象。道生自己當然也十分明白，「文字語言」對於此種空性境域的傳送效果，是非常有限而不完整的；不過，假如能對之做謹愼的使用，經由它而觸及叡智的空理，那麼，「文字語言」仍不失其正面的積極意義。所以，「當理者是佛，乖則凡夫」，佛與凡夫之別，只在於能否具現「得意則象忘」、「入理則言息」的圓義罷了。道生認爲，只有懂得如何「忘筌得魚」的人，才有資格在般若的殿宇中登堂入室。

　　另外，道生在《維摩疏》之中，對於文殊與維摩詰在「言語道斷」觀照下所推出的「不二」法門，曾做了這樣的說明：

〔註 1〕所謂「八不」，龍樹之原文爲：「不生亦不滅，不常亦不斷，不一亦不異，不來亦不出。」見磧砂十六冊，《中論》，頁 31。

> 前諸菩薩各說不二之義，似有不二可說也，若有不二可說者，即復
> 是對一為不二也。是以文殊明無可說，乃為不二矣。……文殊雖明
> 無可說，而未明說為無說也。是以維摩默然而言，以表言之不實，
> 言若果實，豈可默哉？（嘉興八冊，頁 92）

按原經檢視，「二」所指的是經驗界的一切相對法、有為法，而「不二」則是般若空性。道生認為，空性叡智的性體，是不能用語言表明的，因為它本身就是一個不斷超越遮撥的存在；所以，「無可說」是詮解空性時最佳的選擇（當然必須充分顯發空性後，才可做此選擇）。然而，提出「無可說」這一說法的本身也還是有問題，因為在無形中，又會再墮入言語執著的困局內。道生認為其原因就在「雖明無可說，而未明說為無說也」，這句話將空性之畢竟空原理展示無遺，一方面是剝除了言語思辨的外衣，另一方面又澈底褫奪對空本身的執障；因此，只有「維摩默然而言」才是真正地朗現空性的究竟光明。關於這一點，龍樹在《中論》裏面，有十分扼要而精簡的說明：

> 大聖說空法，為離諸見故，若復見有空，諸佛所不化。（磧砂十六冊，
> 頁 46）

般若的空性，也就是在這種不斷持續的蕩相遣執中，而得到它意義上的超越。

順著這個義理，我們再來看此一空性運作的圓融境界——「生死即涅槃」。

三、「生死即涅槃」的二諦相即義

龍樹《中論》云：

> 諸法實相第一義中，不說離生死別有涅槃。（磧砂十六冊，頁 48）

此處，龍樹明白地標示出「生死即涅槃」的主題，藉之豁顯「實相第一義」的平等特質，並開出空性運作的圓融境界。在這裏，「生死」代表凡夫所攝受的世間事相，也就是世締，亦名俗諦。而「涅槃」則象徵聖智所內證的離言空性，亦即第一義諦，又名真諦。對於世諦與第一義諦，《大般涅槃經》卷十三，有經文說明了兩者的關係：

> 爾時文殊師利菩薩摩訶薩白佛言：「世尊所說世諦第一義諦，其義云
> 何？世尊，第一義諦中，有世諦不？世諦之中，有第一義諦不？如
> 其有者，即是一諦。如其無者，將非如來虛妄說耶？」
> 佛言：「善男子，世諦者，即第一義諦。」「世尊，若爾者，別無二
> 諦。」

佛言：「善男子，有善方便，隨順眾生，説有二諦。善男子，若隨言
説，則有二種：一者世法，二者出世法。善男子，如出世人之所知
者，名第一義諦。世人知者，名爲世諦。」（磧砂八冊，頁 596）

依經文可知，二諦（即世諦和第一義諦）原來只是佛「隨順眾生」的一種方
便之説，從純粹真理的角度來看，二諦是可以不存在的；這乃是文殊立「別
無二諦」説的主要理由。不過，大部分的眾生在真理之契悟上，並不見得都
如文殊一般，因此，「出世人之所知者」以及「世人知者」的二諦分説，仍是
一種顯示正觀的必要憑藉。〔註2〕龍樹在《中論》中説「若不依俗諦，不得第
一義，不得第一義，則不得涅槃」（磧砂十六冊，頁 58），即是闡明二諦確有
教示眾生逐步證入涅槃的功能。

　　當然，二諦義最終的關懷，還是在於如何建立「世諦者，即第一義諦」
這種相即的圓融。蛩就此點，道生即曾以個人的般若體悟，做了實驗的説明：

空色不相離，爲空即色，色即空。如《淨名經》云：『我此土常淨。』
此明淨土即在穢土處故。言此土淨，非是淨穢混成一土，何者？淨
土是淨報，穢土是穢報；淨土淨業感，穢土穢業感。既有淨報穢報、
淨業穢業，故不得一。但不相離爲即。（《二諦義》卷下，大正八九
冊，頁 105）

依道生説法，二諦相即的主要原因，是由於二者之間在本質上的「不相離」
所致。此種相即的道理，推諸空色二法，是「空即色，色即空」，而放在淨穢
土上面，則是「淨土即在穢土處」。這顯然與空性泯却差別相的原理有關。而
道生在這裏特別傳送一個獨特的訊息，他告訴我們：真正的解脱其實就繫於
普通日用倫常的解脱之上，在智者的眼光中，世間的萬法皆是一如。此種訊
息的主旨，在於遮遣佛教的他世傾向，使世間法的價值也能得到積極的成全，
這可説是道生相即義的精髓所在。不過，在另一方面，道生也深知，只有通
過般若才能產生二諦相即的透觀，如果將般若的工夫去除，則二諦之間還是
概然分立的（假如在此時仍要硬生相即義，將可能有流入承認現實或扭曲真
理的危險），所以，道生説「淨報穢報、淨業穢業，故不得一」，用意即在凸
顯二諦的分立面相，並藉之化解相即義可能的誤解。因此，道生之言二諦相

〔註2〕這一點，對於頓悟思想的強調「信解」漸修，有很大的啓示作用。事實上，
　　　在道生的觀念中，頓悟的出現，絕不可能離開俗諦（世諦）的漸修。關於「信
　　　解」義，下一章將進行專題的處理，不在此敍説。

即，除了標榜二諦的「不相離」外，也同時照顧「不得一」的事實，前者洞視萬法一體，後者則不捨其殊相。

　　有了這一層的觀照，再續讀道生的另一段文字，當倍覺有味，道生說：

> 順三脫門則到彼岸矣。若有到則至彼岸矣，若無到則不到也。無到
> 不到，然後爲到耳，此岸者，生死也；彼岸者，涅槃也。（《維摩疏》，
> 嘉興八冊，頁 96）

所謂「三脫門」，依智顗《法界次第初門》載，是空解脫門、無相解脫門、無作解脫門三種。其中，空解脫是觀一切法的緣起性空而悟入涅槃；無相解脫是藉了知五蘊根身的不實而離去人我執相，因此導入涅槃；至於無作解脫則是在一切生死法中，超離造作的心念而悟入涅槃。〔註3〕可見，這三種解脫門都是到達涅槃彼岸的必要努力，道生的「順三脫門則到彼岸」一語，即代表他對這些努力的正面肯定。然而，道生畢竟是一位深悟空性的智者，在肯定「三脫門」的同時，他又從另外一個角度，更深入地剖視「有到」及「無到」的問題。

　　道生在文字中所言之「有到」及「無到」二者，分別涉及兩個層面的理解，我們先看「有到」。在這裏，「有到」的思路，必須要銜繫在「順三脫門則到彼岸」這條脈絡中，才能清楚顯現。換句話說，「有到」的層面，在基本上是肯認了確有一涅槃可「到」，也確有一生死亟待解脫，它的重心是擺置在分別萬殊的事實經驗上。由修行趨證的立場言，「有到」所提示的意義，是對現實的厭離，以及對「至彼岸」的渴望。至於所謂「無到」的觀念，則很清楚是「二諦相即」義片面運用的結果；如果與「有到」相對照的話，則「無到」的層面顯然著重於強調二諦「同」的特點，而「有到」則凸顯「異」。因此，順「無到」的思路觀取涅槃和生死，二者並無差別，故而亦無離生死「到」涅槃的問題，所謂「無到則不到」者，正是此意。雖然以上兩種觀點，俱可言之成理，但是，都並非眞正的究竟義。以空性的立場言，片面的標高生死與涅槃的「同」或「異」，都還是不透澈的作法；眞實的圓解應是「不一不異」的，也就是對偏至的兩端同時進行一番超越，藉諸超越而開出二諦圓融相即的道路。道生的「無到不到，然後爲到耳」所欲呈現的，即是此一義理。

〔註 3〕原《法界次第初門》的「三脫門」解釋部分，文字過於冗長，難以全部錄出。本文在此僅略取其大意，讀者若有興趣研讀其原文，請參閱嘉興四冊，《法界次第初門》卷中，頁 20。

由是可知，前述「世諦者，即第一義諦」的建立，本身即是一個「不一不異」的詭譎辨證，只有通過般若空性的觀照，才能獲致辨證的圓融。而就具體的實踐言，也因爲這層圓融的觀照，促成了眞空與妙有的實際結合。所以，對於一個深達空性實相的人而言，世間的生死塵勞，都無非是「第一義諦」的化現；而在他們的般若觀照中，最深刻的解脫，也都在極平實初淺的活動裏，以任運無作的姿態浮現出來。順著這個義理言之，應可肯定：般若空性的運作，終會朝著眞空妙有互相圓諧的目標邁進。這也正是道生二諦相即義的必然趨向，他曾說：

> 言似有不來，而實常來爲相，具眾德也。（《涅槃疏》，大正七三冊，
> 頁 532）

便是此種意義的實現。

關於眞空妙有，日人木村泰賢曾說：

> 『眞空』是什麽都沒有；『妙有』是在其什麽都沒有中，諸法却歷歷
> 然存在著；而這兩個觀念，合一不離，是大乘哲學的特色所在。……
> 在大乘哲學中，有的是以注重著『眞空』方面爲主，來構成其世界觀；
> 相反地，有的是注重著『妙有』，來建設其體系的。但不管它是怎麽
> 樣，兩者不離，眞空的極致即是妙有，妙有的背後即是眞空，這一點，
> 諸大乘教認爲是同一的。（《人生的解脫與佛教思想》，頁 163）

這段文字，不但對大乘教理是一簡切扼要的交待，而且對於道生的二諦相即義，也是恰當的說明。不過，我們另須注意的是，道生二諦相即義對於他自己全盤思想的影響，也十分可觀。譬如他融合般若、涅槃爲一的作法，很顯然便是這個義理的延伸。湯用彤說：

> 其（道生）於涅槃，能以般若之理融合其說，使眞空妙有契合無間。
>
> （《漢魏兩晉南北朝佛教史》，頁 663）

可見，二諦相即所表達的眞空妙有，是可以由空、有二界的圓融，進一步跨升爲兩個思想體系的接合（涅槃代表佛性思想，般若代表空性思想）。所謂「眞空妙有契合無間」者，應即是道生二諦相即思想最終的歸趨。

當然，亦正如木村泰賢所說的，「眞空的極致即是妙有，妙有的背後即是眞空」，二諦之間不一不異的存在型態，原即是空性運作下的圓融表現。道生的〈二諦論〉一文，今天雖已亡佚難考，但在不一不異的根本論點上，應該是認同的。

底下，續由「法身實相之理」論介道生般若思想。

四、法身實相之理

這個小節的論題，包含了三個詞：法身、實相、理。我們先個別分述，最後再進行整合的探討。

首先，我們要說明法身。

以佛的三身觀而言，法身是佛的三身之一，又名法性身，據《金光明最勝王經》卷二載，法身的義涵如左：

> 善男子，一切如來有三種身。云何為三？一者化身，二者應身，三者法身。……云何菩薩摩訶薩了知法身？為除諸煩惱等障，為具諸善法故，唯有如如如如智，是名法身。前二種身是假名有，此第三身是真實有，為前二身而作根本，何以故？離法如如，離無分別智。一切諸佛，無有別法；一切諸佛，智慧具足；一切煩惱，究竟滅盡，得清淨佛地。是故如如如如智，攝一切佛法。（磧砂九冊，頁514）

按上敍述，我們可以重點式地歸約為幾個特性：第一、法身是照顯法性（如如）的無漏智慧（如如智）。第二、法身是化身、應身的根本原動力，而且也是唯一真實存在的佛身。第三、法身遍攝一切佛法。

關於這些特性，在道生的著述裏，都可以尋出相符應的看法。道生說：

> 法者，無復非法；性者，即真而無變。（《涅槃疏》，大正七三冊，頁419）

又說：

> 法性照圓，理實常存，應感不暫廢。（《涅槃疏》，大正七三冊，頁420）

以道生觀點言，法性是諸法剋除虛妄外表後的不變本質（當它內具於有情眾生時，就名之為佛性，此處是單就諸法的實象而言），而法身則是圓照法性且「理實常存，應感不暫廢」的不二空理。此外，他又說：

> 法身周密，彌滿法音，普暢無偏也。（《法華疏》，卍續一五○冊，頁818）

足見在道生的觀念中，法身不僅是圓照法性的空理，它本身亦具足了「常存」、「普暢無偏」等真諦。這些論點與前述法身特性，在基本上都是搭配的。

與道生同時的慧遠，曾與鳩摩羅什往復多次討論「法身」的問題，他對

於法身的理解是這樣的：

> 其義有三：一謂法身實相無來無去，與泥洹同像。二謂法身同化，
> 無四大五根，如水月鏡像之類。三謂法性生身是眞法身，能久住於
> 世，猶如日現。此三各異，統以一名，故總謂法身。(《大乘大義章》，
> 大正八九冊，頁 122)

雖然在表達的結構上異於道生，但實質的義涵並無重大改變。由於道生曾經
與慧遠交往甚密，兩個人思想互相影響或重叠的可能性很大，理論上的偶合
原本不足爲奇。不過，於此特別值得重視的是，慧遠在這裏已經將法身和實
相聯用，尅此觀之，對於證示法身實相的同質性而言，應是一個很有力的暗
示。底下接著談實相。

根據《妙法蓮華經》卷一載，實相的內容是：

> 諸法實相；所謂諸法如是相、如是性、如是體、如是力、如是作、
> 如是因、如是緣、如是果、如是報、如是本末究竟等。(磧砂九冊，
> 頁 132)

此處運用了十個「如是」，用意並不在構作一客觀之理論定義，而是企圖藉此
層層廓清諸法的本然面貌（即前述之「法性」）。道生注這段經文時，曾說：

> 唯佛了此諸義，曉其源極。(《法華疏》，卍續一五〇冊，頁 806)

所謂「曉其源極」，即指對諸法本然義蘊的闡明。如此更深一層透視，則實相
與法身是無從儼予劃分的，因爲它們都同樣致力於終極法性的探求與發現。
因此，實相與法身，就其究極結論而言，應是一般無二。湯用彤說：

> 眞如法性，妙一無相。於宇宙曰實相，於佛曰法身。實相法身，並
> 非有二。(《漢魏兩晉南北朝佛教史》，頁 634)

就是根基於這樣的了解。

當然，在道生的著述文字中，仍然找不出將法身和實相並列聯用的例子，
不過他却技巧性運用「理」字，做過縮結二語的媒介。底下試引三則解說之：

1. 理無二實。理唯一無二，方便說爲二耳。(《涅槃疏》，大正七三冊，頁
487)

2. 實相無二乘之僞，唯一乘實也。(《法華疏》，卍續一五〇冊，頁 806)

3. 唯法身爲大，更以異方便助顯第一義。……推二乘以助化，謂之異方
便。(《法華疏》，卍續一五〇冊，頁 808)

此處，明顯可見的是，不管實相或法身以何種方式呈現「方便說爲二」

的二乘問題，[註4] 但其最終肯定「一乘實」、「第一義」的目標，實並無差別，此亦即「無二實」或「唯一無二」的理，所欲豁顯的究竟關懷。依道生的見解而論，這個「理」的本身，實際上便是由法身實相照顯出來的般若空理。湯用彤在《漢魏兩晉南北朝佛教史》曾說：

> 生公湛思入微，慧解敏銳，深有得於般若之學。徹悟實相，以理為宗。（《漢魏兩晉南北朝佛教史》，頁 629）

這對道生的般若空理，是一個相應的體會。

　　而道生所以能融攝真常不滅的佛性思想，使之安立於一切皆空的般若思想上，與此空理的充分發揮作用，亦有很大關係，在《法華疏》中，他說：

> 一切眾生，莫不是佛，亦皆泥洹，泥與佛，始終之間，亦奚以異？
> 但為結使所覆，如塔潛在或下，為地所隱。大明之分，不可遂蔽；
> 必從挺出，如塔之踊地，不能礙出。本在於空理，如塔住於空中。（卍
> 續一五〇冊，頁 824）

藉著「本在於空理」的超越觀照，不但一切眾生「莫不是佛，亦皆泥洹」，而且夙為結使煩惱所蔽覆的「大明之分」（即佛性），也一樣可以作無礙的顯現。由是可見，此一般若空理的掌握，實乃進入道生佛性思想的不二法門。當然，順其二諦相即的思路以及究竟空理的發展，主張不滅義的佛性思想和強調畢竟空的般若思想，最後的圓融是可以想像的，道生自己就曾說：

> 佛說不滅義與一切皆空之說，妙善同也。（《涅槃疏》，大正七三冊，
> 頁 400）

這句話，將佛性與般若兩個思想，做了緊密的結合，並消解掉二者表面上的絕峙對立，也無疑是為「理無二實」的觀念做了一次鮮活的示範。

　　以上，我們分別由四個論點展示道生的般若思想。其中的二諦相即義和法身實相之理部分，都陸續地推出般若與佛性思想會通的結論。這一事實告訴我們：代表真空的般若思想與代表妙有的佛性思想，終必在最後的終極境界上，圓融為一。道生在頓悟思想中所開出的「理不可分」及「理歸一極」等論見，便和般若有關。

　　底下，歸納本單元之敘述如左：

　　第一、龍樹的空觀哲理，是構成道生般若思想的主要骨幹。而絕待、離

〔註 4〕「二乘」在此是指緣覺、聲聞。如果再加上菩薩乘，則總稱為三乘。不過，
　　　　不管是二乘或三乘，從「佛」的立場來看，他們都還是不究竟的。

言的空性，則是道生般若思想的神髓。

第二、道生的二諦相即觀念，能遮遣佛教的他世傾向，並促進眞空與妙有的實際結合。

第三、道生的法身實相之理，是融攝般若、佛性思想爲一的重要據點。這個「理」的本身，實際上便是由法身實相照顯出來的般若空理。

行文至此，我們對道生的般若思想已經有了相當的認識，不過這些觀念，仍必須要安配在道生的另一思想體系——佛性思想上，才能從而見出頓悟思想的全盤理論基礎。所以，下個步驟，我們便直接導入道生的佛性系統內，進行更深一層的探討。

第二節　佛性思想

在未進入本單元的論題之前，宜應先知：道生當時的佛性思潮，在學界中的研究情形究竟如何？

與道生大約同時的慧叡，在〈喻疑論〉中，曾經提及涅槃系統的佛性思想，在當時被討論的情形：

> 皆有佛性、學得成佛、佛有眞我，故聖鏡特宗，而爲眾聖中王。泥洹永存，爲應照之本，大化不泯。眞本存焉而復致疑，安於漸照而排跋眞誨，任其偏執而自幽不救，豈可如此乎？……若於眞性法身而復致疑者，恐此邪心無處不惑。佛之眞我，尚復生疑，亦可不信佛有正覺之照而爲一切種智也。……但知執此照惑之明，不知無惑之性，非其照也。爲欲以此誣調天下，天下之人，何可誣也！（《出三藏記集》卷五，磧砂廿九冊，頁283）

由這些敘述看來，顯然道生當時的學界，仍普遍存在著般若與佛性水火不容的事實，所謂「安於漸照而排跋眞誨」、「但知執此照惑之明，不知無惑之性」者是。今天，我們在千百年後閱讀這些記載，可能認爲這不過是歷史上的小插曲而已，但在道生而言，這却是當時正如火如荼燃起的教理衝突。所以，道生的佛性思想在這裏，也就愈發顯得可貴，尤其是他熔兩種思想於一爐的作法，以及在一片物議聲浪中，巨眼先矚地提出闡提成佛的見解，都很足以使他的佛性思想睥睨於當代而垂世不衰。

另外，道生的佛性思想與中國傳統儒學，也有基本精神上的密切呼應。近人唐君毅云：

道生主一切有情眾生皆有佛性，以與其時由印度傳入之一闡提人無
佛性之說辯。此即直本于孟子人皆可以爲堯舜之旨，以言一切有情，
同具佛性，爲其眞我。（《中國哲學原論》，〈原道篇〉卷二，頁42）

可見，道生的佛性思想，原亦富含於豐富的傳統色彩。

本單元的設計，根據於前述的考慮，並酌情於道生佛性架構的主要精神，擬分兩部分敘述之。底下條列細目：

第一部分、本體義的佛性思想

（一）先驗實存的特性

（二）恒存不斷的常住義

（三）眾生皆有佛性

第二部分、工夫義的佛性思想

（一）漸修漸入的具體行持

（二）般若直觀的基礎

（三）大解脫的涅槃境界

其中，第一部分本體義的佛性探討，可以清楚豁顯道生相通於儒家的思想原樣。而第二部分，則是希望透過更深一層的討論，結合佛性、般若兩個體系，做爲發展其頓悟思想的理論基礎。

按照編排設計的次序，底下即先進行第一部分的探討。

一、本體義的佛性思想

近人錢穆云：

佛教東來，又是一番新刺激。對大群體共相之舊傳統，因新宗教之
侵入而復甦。起先用老莊會通佛教，其次再用孔孟會通佛教。其先
如支道林、僧肇，緊接著的是慧遠與竺道生。……遠生兩人，根本
在能就中國傳統文化精神來讀佛經，故能從佛經中籀出中國傳統精
神之最要義。（《國史新論》，頁40）

又說：

從竺道生到慧能的佛學，主張人人皆具佛性，仍是中國傳統變相的
性善論。（《國史新論》，頁94）

由這兩段引文看來，錢穆顯然相當肯定道生融貫儒佛的成績，尤其「佛性」，更是融通儒佛爲一的根本接點。由本體的觀點衡估，道生的佛性義確實仍大半追隨著傳統儒家「人皆有良知良能」、「塗之人可以爲堯舜」的精神，儘管

陳說的方式不一，但這基本的認同，並無兩樣。道生在大經未至之前，就能夠預取「一闡提人皆能成佛」的見解，顯然與傳統孔孟的思想，有不可解的關係。錢氏所稱「中國傳統變相的性善論」，正是對此一意義的透視。底下即分從三個層面，依本體義的角度探察道生佛性思想義蘊。

（一）先驗實存的特性

道生在《涅槃疏》中說：

> 不易之體，湛然常照，莫先爲大。但從迷乖之，未在我耳。苟能涉求，便反迷歸極。（大正七三冊，頁 377）

此中的「不易之體」即指佛性。道生用「湛然常照」以形容佛性，告訴我們：佛性本身即是一個儼然的事實，它不是假定或預設，而是究極實在的一種普遍的本質。至於佛性在認知系統下的成立問題，道生則以「莫先爲大」的先驗論點，排除了經驗論的涉問。由是可知，佛性的存在，依道生的看法，應是一先驗的實存。不過，道生也同時明白，佛性會因「從迷」的外在阻礙而顯得曖昧費解；所以，他除了從純粹本體的角度說明佛性外，另外也很重視涉求反迷的實踐問題。關於佛性的實踐問題，留待下一節處理。此處我們要注意的是：究竟道生的這種說法，與儒家產生什麼樣的關聯。

據《孟子·盡心篇》載，〔註5〕「良知」的定義是「所不慮而知者」。可見孟子認爲人性之中是有一種與生俱來的良善，可以不經人爲的造作而自然抒發出來。孟子所謂「孩提之童，無不知愛其親也；及其長也，無不知敬其兄也」正代表這一實存義諦的兌現。可惜的是，孟子本人對於「良知」這個積極性的概念，並沒有十分徹底的探討，他正式提及「良知」的見解，亦僅在〈盡心篇〉中稍見片鱗而已。〔註6〕反倒是道生，他相應於「良知」的主要精神，重新發掘「佛性」的問題，使「佛性」的領域轉化成爲傳統哲學思維的一部分。前述錢穆所云「能就中國傳統文化精神來讀佛經」，如從此種會通的觀點加以理解，應可認許。

據上所述，道生本體意義之佛性，與儒家的良知，在基本精神上並無太大的歧異。他接引良知先驗實存的特性，並深化佛性所應具有的眞諦，已爲佛學之中國化跨出一大步。〔註7〕當然，道生藉此傳統力量分別展開的新解，

〔註5〕在《孟子》書中，正式使用到「良知」一語的，只有〈盡心篇上〉。

〔註6〕從中國學術史的角度來看，眞正將「良知」做一徹底討論與發揮的，應是明代的王守仁。至於孟子，僅具首創之功而已。

〔註7〕本文所謂佛學中國化，主要強調重點在道生本體義佛性思想上，因爲其散發

尚不僅這一點，底下續由佛性的常住層面證示之。

（二）恒存不斷的常住義

《涅槃疏》中，道生云：

> 不以受身不同，使真我斷也。……佛性不爲邪見所穿掘。……雖復
> 受身萬端，佛性常存。若能計得此者，實爲善也。（大正七三冊，頁
> 454）

此處，道生反覆申陳佛性（其中的『真我』亦即佛性）的存在特性。依其思
路層序，我們可以逐一用「不斷」、「不壞」及「常住」等簡單用語，安配其
意義。由此，可以清楚見出道生一方面企圖廓清佛性與現實經驗的纏結，一
方面又試圖將佛性帶入一個無限綿延的恒存境地，所謂「佛性常存」者是。
這個層面的挺出，大有利於破斥偏至的斷見，關於這點，道生曾以「刀」喻
之：

> 真我常住，能斷眾生之斷見惑，譬之刀也。（《涅槃疏》，大正七三冊，
> 頁 463）

當然，關於佛性是否真實常住的問題，對習慣理性認知的人而言，恐怕不免
陳義過高，難被接受。尤其是在客觀論證缺乏的情形下，單依人爲尺度來測
量理解，可能永遠不能跨入常住的實在領域。所以，道生勸人暫祛「理解」
的方式，改由「信解」進入，他說：

> 若聞佛性而信解，則是菩提心發。（《涅盤疏》，大正七三冊，頁 467）

這顯然是以宗教上的實際活動，替代了純理的思維反省。

道生的這些說法，假如與孟子的論述兩相比較，不難得出相近的見解。

據《孟子·告子上》所載：

> 雖存乎人者，豈無仁義之心哉！其所以放其良心者，亦猶斧斤之於
> 木也，旦旦而伐之，可以爲美乎？……人見其禽獸也，而以爲未嘗
> 有才焉者，是豈人之情也哉？故苟得其養，無物不長；苟失其養，
> 無物不消。孔子曰：「操則存，舍則亡；出入無時，莫知其鄉。」惟
> 心之謂與！

出來的基本精神，可以和中國儒家的性善論，取得會通的共識，而「中國化」
者，即依據於此種類型的共識而展開。本文限於研究範圍，「中國化」問題之
討論，只集中在道生本體佛性思想之上，其他諸如制度、儀軌等層面，概不
涉及。

依孟子之說，人的「良心」（仁義之心）能否呈現，主要還是取決於個體實踐的意願和行動上面。所謂「苟得其養」或「操則存」，原不外是希望藉諸具體行持而予良心積極肯定。同時，我們由孟子「求其放心」的說法，亦可體會到，良心自身不壞不斷乃至「恒存」的特質。由此可見，通過孟子而深化佛性的觀念，並不見得是不可能的事。事實上，道生承接這股傳統的思維脈絡，反倒更加能貫徹其開顯佛性的立場。所以，儒佛在本體論上的共通傾向，實在很有利於兩家會通工作的進行。這一點，對於一向以爲兩家是分河飲水的人而言，無異是提供一個饒具反省意義的參考據點。

綜合以上的敘述，道生的佛性觀念，與傳統儒家的本體思想，在精神上的確有相當程度的吻合。錢穆稱讚道生是「用孔孟會通佛教」，洵非虛言。而就道生思想言，整個會通交流的最後活動焦點，應即是「眾生皆有佛性」的推出。

（三）眾生皆有佛性

道生在《法華疏》中曾說：

> 眾生大悟之分，皆成乎佛。（卍續一五〇冊，頁 824）

這裏的「大悟之分」即指佛性。道生認爲「大悟之分」的佛性，是普遍內具於一切眾生有情的不變本質。藉此，他透視了世間有情的存在莊嚴，給予最高的肯定，並堅信有情眾生一定都可以圓現「皆成乎佛」的究極目的。這一點，和儒家肯定人可以成聖的論調，是相接通的。其次，道生在表達「眾生皆有佛性」這一理念的同時，對現實生命的黑暗面（即無明）也有相當的正視與深透，他說：

> 眾生本有佛知見分，但爲垢障不現耳。（《法華疏》，卍續一五〇冊，頁 807）

又云：

> 但爲結使所覆，如塔潛在或下，爲地所隱。（《法華疏》，卍續一五〇冊，頁 824）

其中的「垢」或「結使」均可包攝於無明的範疇內。根據《阿毗曇甘露味論》卷上對無明的解釋，其界定是：

> 不知四諦內外法、去來今佛法眾因緣，如是種種實法不知，是謂無明。（磧砂廿六冊，頁 670）

可見，凡是違離了究竟的實法而無所覺知的，都可稱之爲無明。假若佛性比

喻爲太陽，則無明就如同烏雲，隨時均可遮蔽佛性，使之「垢障不現」。所以，道生依此而進一步展開消解無明結惑的工作，他說：

> 除結惑之覆，爲掘見佛性故，爲出金藏故。（《涅槃疏》，大正七三冊，
> 頁 449）

之所以要「除結惑之覆」，原意只在於希望經由負面陰暗的化除，而給予佛性以提撕點潤，所謂「爲掘見佛性故，爲出金藏故」。自然地，這層道理已不純是本體論的問題，它同時又涉及工夫實踐的層面。從此亦可看出，道生佛性思想的探索推演，最後一定會兌現爲實踐性的具體行動。通過實踐體驗，才有可能眞正肯定並挖深「眾生皆有佛性」的義理，使之成爲符應生命境況的實存眞諦。

由於道生對「眾生皆有佛性」的深刻肯定，使他得以跨越法顯《六卷泥洹》的格局，提出「一闡提皆能成佛」的看法。這個精銳的洞見，是推動涅槃哲理在南朝應時興起的重要原因之一。當然，這些思想的成立背後，顯然也受到儒家性善論無形中的支持和鼓勵，錢穆說道生的佛學「仍是中國傳統變相的性善論」，即指此而言。吳怡在《禪與老莊》中，亦曾說：

> 道生爲什麼敢違背經義，不顧眾議，斷然的認爲「一闡提人皆得成佛」呢？這並非他眞有神通，看見了尚未傳入的《大般涅槃經》中早已有這種說法，而是由於他透過了中國思想的境界，知道如果佛學眞有大乘精神的話，必然會有這樣的結論。（《禪與老莊》，頁 62）

關於闡提成佛一事，若不從神通觀點視之，則傳統性善理念的熏陶，應是一個很好的解釋。吳怡所謂「透過了中國思想的境界」，想係即是指涉儒家性善理念言。此一趨向充分證示：儒家的性善理念在佛學領域內，一樣可獲相當高度的開展。從這個意義來看，儒佛之間不但沒有對蹠，而且還是相輔相成。

又按慧皎《高僧傳》載，道生有〈佛性當有論〉一篇，雖已亡佚，但根據題名來推想，應與本小節的觀念沒有差別。近人呂澂曾說：

> 「當有」是從將來一定有成佛的結果說的，從當果講佛性應該是有。《涅槃經》就如來藏方面立說，本有此義，但因翻譯時，對如來藏這個新概念認識模糊，譯語前後不統一，意義就隱晦了。道生卻能夠從中體會到說如來藏的用意，從而提出當果是佛，佛性當有的主張來。（《中國佛學思想概論》，頁 127～128）

文中所謂「如來藏」是指佛性背覺合塵的另一面相，它與佛性在本質上是完

全一樣的。依呂澂之說，道生的「佛性當有」說，是從眾生都可成佛的立場（即「當果」）以確認眾生都有佛性。這是由果導因的論證方式，與前述由因致果的思路，恰成一種圓融。

　　這個觀念，便是「頓悟成佛」所以可能的主要依據，而它在後代也仍有很權威的影響力，例如天台智顗，他在《金光明經玄義》卷上，言及「正因佛性」時，就曾說：

> 佛名爲覺，性名不改。不改即是非常非無常，如土內金藏，天魔外
> 道所不能壞，名正因佛性。（磧砂三冊，頁 261）

這很可能是先從道生吸收了佛性理論的血液，再塑入新的間架裏。由此不難窺知，道生佛性義雖曾一度遭受嚴苛的訾議和毀謗，但其亙古的洞見仍經得起時間考驗。

　　不過，正如前面所引述的，道生佛性思想的篝構推演，就整體的發展而言，並不會只局限在本體義裏面，因爲它終究要遞進到具體實踐的工夫歷程上，以求取客觀的證驗。順此思路，底下即續從工夫義角度論介道生佛性思想。

二、工夫義的佛性思想

　　釋印順在《教制教典與教學》中，曾云：

> 就佛教而論，佛學本非純知識的，一向是經驗與知識相結合，所以，
> 非『學』、『用』相結合，不足以表彰真正的佛學。（《教制教典與教
> 學》，頁 186～187）

所謂「經驗與知識相結合」，並不僅限於說明佛學，事實上，它可以廣義地適用於東方哲學（尤其是中國）的基本體驗型態上；以儒家爲例，孔子即曾有「道不遠人」及「能近取譬，可謂仁之方也」等的陳述。〔註8〕足見這種知行相結合的觀念，本身是一個包容性甚大的文化共識。當然，跨視中國傳統與印度佛學的道生，更加清楚地表現出這種特色。在《涅槃疏》裏，他一方面說「弘法在言，得旨爲解」，一方面又強調「弘法貴在修學」（以上《涅槃疏》引文，具見大正七三冊，頁 532），即是最明顯的例證。

　　順著這個角度觀看道生的佛性思想，則當更能看出他在工夫義上的卓越見解。下面，分由三點臚述之。

〔註 8〕以上孔子語，分見《中庸》第十三章及《論語・雍也篇》。

（一）漸修漸入的具體行持

《法華疏》中，道生說：

> 眾生於過去佛植諸善根，一毫一善，皆積之成道。（卍續一五〇冊，
> 頁 808）

而在《涅槃疏》裏，也同樣認為：

> 因緣不得相離，因緣有故，學得成佛。……佛性妙絕，備眾善乃見。
> （大正七三冊，頁 461）

由此可見，道生的佛性思想，並不是只有片面標高本體義的層面而已，他同時亦周顧到「一毫一善」的具體修持。在他認為，這些「一毫一善」的累積，本身就都是一種高度的生命體驗，因為它們全是幫助眾生「成道」、「成佛」的正面資糧。因此，才會推出「佛性妙絕，備眾善乃見」的論點，此處的「佛性」，已不單只是理論的意義，因為它本身也同時具足了實踐的色彩。

依此看法，道生的佛性思想，若由修行趣證的歷程上面著眼，則「漸修」應是一個相當必要的階段。《涅槃疏》中的另外一句話，亦為有力證明：

> 先見不空，然後見空，乃第一義，佛性始見。（大正七三冊，頁 544）

「不空」代表日常經驗裏漸進式的一切相對法，雖然並不是究竟的，但它卻是我們遞升至真理的必要管道，沒有「不空」的裏佐，對於究竟的真理領域，可能連一步都踏不進去。所以，雖然在理論上標高了究竟真理的地位，但在實際操作上，仍必須遵循漸入的程序，這是朗現佛性的真諦妙竅。在下一章裏，我們將論介道生的頓悟思想，其中，有「悟不自生，必藉信漸」一義，便和這個觀念密切符應。

從以上的闡述可以證明：道生工夫義的佛性思想，本質上是肯定漸積漸修的。後代研究道生的人，往往以為其「頓悟」思想，必與漸學之路產生抵觸對立。如果從以上觀點予以比驗，則誤解當不攻自破。

另外，由「第一義，佛性始現」來看，般若的直觀基礎，顯然也是促進佛性開顯的一股推動力量，為深一層討論這個道理，底下續從「般若直觀的基礎」進行。

（二）般若直觀的基礎

日人梶山雄一在《佛教中觀哲學》一書中，大量引介龍樹般若思想，在第二章裏曾說：

> 一般被認為是正確的常識與慣行，其實不過是遮蓋真實的誤解而

已。在直觀中顯靈的眞的實在，一成爲思惟與言語的對象時，便即
被遮蔽隱沒。（《佛教中觀哲學》，頁 96）

又第四章中，亦云：

作爲直觀自身，這超越乎有無的表現，只是在反省的立場下，被稱
爲空，被稱爲光輝的心靈。（《佛教中觀哲學》，頁 147）

足見般若直觀的運作，其本身就是一種超越的心靈。通過直觀所謂「反省的
立場」，我們可以見出二元區別（如有無、常斷、生滅等等）的逐漸取消，並
能在脫去思惟言語的超越境界中，體驗出一個不可言詮思議的存在自體。這
樣的存在自體，依道生的語言系統觀之，即等於工夫義的佛性了。在《涅槃
疏》裏，道生曾以「十二因緣」爲例，作過這樣的剖視：

十二因緣爲中道，明眾生是本有也。若常則不應有苦，若斷則無成
佛理，如是中道觀者，則見佛性也。（大正七三冊，頁 546）

不執「常」也不執「斷」的中道觀，是企圖由超越相對的觀照活動，指出一
個無對立存在的絕對境界。這個境界，原即是我們內部生命最原初的自然本
態，道生就將之命名爲「佛性」。由此可見，道生工夫義的佛性展現，與般若
直觀的終極體會，是共棲於同樣絕待的境界裏面的。道生另有「不偏見者，
佛性體也」的話，對此原理也有相同的說明性。

　　既然在直觀活動裏，所「顯靈的眞的實在」，即道生工夫義佛性所課求的
主題。那麼般若空理的窮究，也就成爲佛性實踐與否的重要關鍵了。道生在
《涅槃疏》裏，就曾經很明白地表現了這種看法：

性本是眞，舉體無僞。未能究理，何以爲實也。（大正七三冊，頁
532）

在佛性的「性本是眞，舉體無僞」的表達底層，必須要有深刻無比的空理直
觀體驗做爲基礎才行。如果「未能究理」的話，則佛性終將不免於虛化萎謝。
所以，道生在強調其頓悟理念時，也堅持主張十地的究竟頓悟，因爲他認爲，
只有窮理盡性的「滿證」，才是跨入成佛境界的唯一保障。關於十地領悟，下
一章有充分敘述的機會，於此不贅。

　　總之，由工夫義的立場來看道生的佛性思想，其要求實踐的取向，可謂
相當明顯。近人方東美云：

他（道生）能夠根據他所瞭解的佛學，提出一個生命計劃、一個生
命理想、一個生命精神，而處處都可以證明他富有佛家很高的智慧。

他最後的理想就是，一切人根據宗教的修養與智慧的鍛鍊，最後都
可以達到同樣的結果──都可以成佛。（《中國大乘佛學》，頁158）

這是一個相當明銳的理解。的確，道生的佛性理想，只有透過實際的「宗教
的修養與智慧的鍛鍊」，才有可能完成。易言之，也就是要通過「漸修漸入的
具體行持」和「般若直觀的活動」，才能靈交諸佛、融透自性本體，如實地成
就道生「最後的理想」──大解脫的涅槃境界。道生對於此種圓現「無我」、
「常樂我淨」的成佛境界，也曾經有過描寫，底下，便接著由此層面加以論
述。

（三）大解脫的涅槃境界

《大般涅槃經》卷五云：

涅槃者，即真解脫。真解脫者，即是如來。……善男子！不生不滅，
即是解脫，如是解脫，即是如來。（磧砂卅五冊，頁220）

此外，同經卷八亦云：

善男子！雖修一切契經諸定，乃至未聞大般涅槃，皆言一切悉是無
常。聞是經已，雖有煩惱，如無煩惱，即能利益一切人天。何以故？
曉了己身有佛性故。（磧砂卅五冊，頁271）

在這裏，「涅槃」代表個體由無明以迄解脫之轉醒過程的最高成就，經云「不
生不滅」、「雖有煩惱，如無煩惱」，即是這一最高成就的簡約說明。而所謂的
「曉了己身有佛性」的意義，在「涅槃」的顯照下，也直接地內化於主體而
呈現為「真解脫」的自覺內容。這些都很足以證示：「涅槃」境界的覺證，原
即是般若與佛性充分實現後的必然結果。所以，《入楞伽經》卷三云：

無捨無得故，非斷非常故，不一不異故，說名涅槃。（磧砂十冊，頁
393）

而《大般涅槃經》卷廿六亦作：

見佛性故，諸結煩惱所不能繫，解脫生死，得大涅槃。（磧砂卅五冊，
頁347）

如此地反覆論證，大抵可見出「涅槃」一語所涉及的內涵和成立的必要根據。
倘使專約於道生佛性工夫義的立場言，那麼這一「涅槃」境界的實現，應就
是其最終極的關懷了。他說：

成佛得大涅槃，是佛性也。（《涅槃疏》，大正七三冊，頁547）

職是之故，究竟的佛性實踐，最後一定也將圓證「無我」乃至「常樂我淨」

的涅槃境界。為實際的說明方便起見，底下先從「無我」談起。

道生云：

> 生死不得自在，故曰無我。（《涅槃疏》，大正七三冊，頁405）

從這裏，可清楚看出，「無我」原是為生死不自在的理由而存在。透過「無我」，可朗現蛻脫我執，充分自在的涅槃境界。關於這一點，印順法師的下述見解，是可以相應證的：

> 對於佛果的大般涅槃，切勿作我想，我想與涅槃是永不相應的。……
> 入了涅槃，無牽制、無衝突、無迫害、無苦痛，一切是永恆、安樂、
> 自在、清淨。而這一切，都從空無我中來。涅槃的見地，如苦痛的
> 消散，無分別、無分量，寂靜平等，這在大小乘中都是一樣的，都
> 是從無我觀中，消除個我的對立而說明的。（《學佛三要》，頁238～
> 240）

通過此一「無我」的內部心靈活動，萬事萬物所顯發出來的面目，當然就都是赤裸裸的真實本質了。道生曾以「法」為例，做這樣單刀直入的解析：

> 夫體法者，冥合自然，一切諸佛，莫不皆然。所以法為佛性也。（《涅
> 槃疏》，大正七三冊，頁549）

倘使能當下「冥合自然」地體會「法」，透視它水淨沙明的內具本質，那麼這和深切體驗佛性所表達出來的意義，是一樣的（因為它們終要歸復於本具的空性之中）。道生所謂的「無非法為法也，在人顯焉，而宣通於物」（《涅槃疏》，大正七三冊，頁532）；與這種「冥合自然」的無我基調，在實質上都是互相印合的。由此可知，究竟的佛性實踐，最後一定是與法界的萬象共同遞升為無我而一體的圓融。僧肇說「大乘是非齊旨，二者不殊，為無我義也」（《維摩疏》，嘉與八冊，頁77），便是一個十分有力的註腳。

透過「無我」，在工夫義的佛性領域內，立即可見的實踐性效果，就是「佛性我」的示現。道生說「豈離無我而有我」（《涅槃疏》，大正七三冊，頁461），後一個「我」字，即指佛性我，而「無我」的「我」是指生死中的我。足見「無我」與「佛性我」之間，原自具有先後提攜彰顯的微妙關係。近人劉果宗曾針對道生此一見解，做了下面的說明，他說：

> 晉末宋初，中國佛教界般若學盛興而涅槃學初起，般若談真空，涅
> 槃論妙有，般若明無我，涅槃示真我，般若述凡夫四大假合而空，
> 涅槃論一切眾生皆有真性不滅。此兩大不同之思想驟言之，甚難統

一調和，而生公博以異聞，約以一致，歸納此兩大思想於一如，實
為前所未有之思想家。(《中國佛教史論集》(四)，頁 256)

此處，道生將「無我」與「真我」(即佛性我)熔為一爐的洞見，確實有令人
絕賞的不凡意義。而這也正是其佛性實踐必然履現的究竟境界。

　　此外，正如印順法師所描述的，當佛性實踐進入涅槃的終極境地時，一
切都將是「永恒、安樂、自在、清淨」的。這個描寫語，如還原為《大般涅
槃經》的原文，則是「常」、「樂」、「我」、「淨」四字。根據《大般涅槃經》
卷二十三載：

　　若見佛性，能斷煩惱，是則名為大般涅槃。以見佛性故，得名為常
　　樂我淨。(磧砂卅五冊，頁 331)

可見「常樂我淨」的提出，原只是襯托佛性思想的附帶理論，其根本的原理，
仍是包攝在佛性實踐的具體經驗中。以「常」為例，即須通過佛性的直觀活
動方可具現，《大般涅槃經》卷廿三云：

　　善男子，涅槃之體，非生非出、非實非虛……非相非想，非名非色、
　　非因非果、非我我所。以是義故，涅槃是常，恒不變易。(磧砂卅五
　　冊，頁 330)

所以，道生在《涅槃疏》裏，也就很自然地和扣緊直觀的辯思方式處理「常
樂我淨」，他說：

　　常者，不見常則不常也。樂者，常故也。我者，常故自在也。淨者，
　　垢盡故也。(大正七三冊，頁 531)

這裏面，除了「淨」以外，其他三者都與「常」的意義連成一線，藉以貫徹
直觀的思路。由此不難看出，趨向存在自體的觀照活動，確是引導我們進入
涅槃境界的最重要法門，道生接下來這段話，即頗能宣示此一義諦：

　　常樂我淨者，言似有不來，而實常來為相，具眾德也。解脫者，人
　　似未脫，而實解脫為相也。(《涅槃疏》，大正七三冊，頁 532)

所謂「實常來為相」及「實解脫為相」者，便是通過直觀活動而朗現的大解
脫涅槃境界。

　　綜括以上的論題，我們在此簡單的歸納為三個結論：

　　第一、從本體義的角度來看，道生的佛性思想是有往「先驗實存」、「恒
存不斷」等特質發展的動向，而且必定會推出「眾生皆有佛性」的結論。

　　第二、由儒佛會通的立場言，道生本體義的佛性思想所扮演的角色，無

疑是十分積極的。因此道生此一思想的提出，使得原本隱而不彰的儒家文化，還可重新在佛學的思想資源中，取得彼此足以會通的共識。這種共識的建立，對於發展佛學與中國傳統結合的中國化運動言，有很積極的意義。

第三、依工夫義的角度來看，道生的佛性理念必須藉助於「漸修漸入的具體行持」和「般若直觀」的空理，才能具體地舖展開來。這種理念的終極發展，便是進入以「無我」、「常樂我淨」爲主的大解脫境界。

透過這三個結論，我們再重新回顧第一節所提及的觀念，不難得知：道生的佛性、般若思想，最後一定可以在空理的一致認同下，完成兩個體系的結合。這一點，對於了解道生的頓悟思想，有很大的幫助，因爲道生的「頓悟成佛」論點，基本上就是建立在般若和佛性推極冥合的基礎上。關於這個論點，我們在下一章中，將有進一步的闡示。

此外，根據於般若系統而開出的「理不可分」、「理歸一極」等觀念，不但正面地發揮了道生般若思想的境界，而且也是其頓悟思想主要的重心。這些都是值得我們繼續深加探討的課題。在下一章中，本文計劃從「理」及「悟」的兩個角度，分別展開道生頓悟思想的全盤考察，希望能夠藉此而對其頓悟做一深且廣的透視。

當然，在了解道生頓悟義之先，首須確立的前提，仍是要對其佛性理論有深透的體會（不管是本體義或工夫義，都宜應了解），只有對這套理論進行仔細的體會，才有可能在他的頓悟思想中發生感應。所以，本章第二章即曾不殫繁瑣地論述道生佛性理論，用意在此。而進入下一章之後，我們雖然沒有設計專題特別強調佛性理論，但也會隨機點到，豁顯其重要性。

底下，本文的思路即順勢導入下一章，對頓悟思想展開進一步的研究。

第三章　道生頓悟思想之義理內容

　　道生在〈答王衞軍書〉中說：

> 以爲苟若不知，焉能有信。然則由教而信，非不知也。但資彼之知，
> 理在我表。資彼可以至我，庸得無功於日進。未是我知，何由有分
> 於入照。豈不以見理於外，非復全昧，知不自中，未能爲照耶？（《廣
> 弘明集》卷十八，磧砂卅一冊，頁 416）

文章中所謂「知」，是指知「理」而言。而所謂「照」者，則是見性之「悟」。
在道生頓悟思想的義理結構中，「理」和「悟」是兩個核心的論題，所有關於
道生頓悟義的幾個重要思想層面，幾乎都要透過這兩個論題，才能呈現出來。
另外，所謂「理在我表」及「見理於外」等語，則代表道生對當時持漸悟主
張者的基本看法，雖然只有簡單數語，但也饒富深藏，因爲它已經牽涉到整
個頓漸之爭的全盤問題。

　　由此可知：道生頓悟理念的出現，並不是孤起的事實，他的頓悟觀點，顯
然也是歷練過激烈而精彩的辯爭，才逐漸完成。所以我們在理解其頓悟思想時，
勢必要先釐清當時頓漸之爭的問題，才有可能建立一個相應的認知系統。

　　職是之故，本章的設計，將考慮由兩個方向來進行。第一部分，我們將
首先就道生當時的頓漸之爭，做一個統整的處理；其中，處理的範圍包括頓
漸之爭的歷史考察、相關文獻，以及頓漸雙方基本理論上的紛歧等等。而第
二部分，則計劃從道生著疏資料中，整理出「理」和「悟」的相關見解，藉
以突現其頓悟全貌；這裏面，除了闡明道生的觀點以外，並儘量適時地比驗
於時人的論述（如〈涅槃無名論〉、〈辨宗論〉……等），以更廣大的探測門徑，
對大頓悟思想進行周密的詮釋。底下，便將本章的細目逐一列出：

第一節、道生當時的頓漸之爭

　　一、頓漸之爭的溯源及其相關文獻

　　二、「大小頓悟」基本理論的差異

第二節、頓悟思想的義理結構

　　一、由「理」的層面言

　　　（一）對「理不可分」義的體現和展示

　　　（二）「理歸一極」說的內涵及其動向

　　　（三）滿證之理與「三乘」之理的不同

　　二、由「悟」的層面言

　　　（一）悟和理之間的關係

　　　　　（1）小頓悟家的悟、理見解

　　　　　（2）道生的「悟理合一觀」

　　　（二）「信解」漸修與「見解」之悟的關係

　　　　　（1）信解和見解的基本關係

　　　　　（2）信解和見解的功能差異

　　　　　（3）依悟的呈現看兩者關係

　　　（三）悟性與佛性的結合

　　　　　（1）悟性與佛性的推極合一

　　　　　（2）悟的自發自顯及一悟全悟

　　　　　（3）「頓悟成佛」義的開顯

　　其中，第二節的部分，無疑是本章的主題所在。不過，正如前面提及的，只有先掌握道生當時頓漸爭辯的實情，充分了解整個事件的背景，如此對其頓悟思想的詮釋，才是相應的。所以，本文首先便從第一節「道生當時的頓漸之爭」這部分開始。

第一節　道生當時的頓漸之爭

　　由於現存道生著疏內，提及頓悟思想的直接資料非常有限，因此，要了解其思想的可能義蘊，必須藉助於當時相關文獻的處理，才有可能挖掘出道生頓悟思想的原有規模。底下，我們先由「頓漸之爭的溯源及其相關文獻」著手。

一、頓漸之爭的溯源及其相關文獻

從中國佛教史的觀點言，頓悟與漸悟的對蹠爭議，早在晉末達摩多羅和覺賢的禪經論點中，就已開啓端倪。根據慧遠的〈廬山出修行方便禪經統序〉云：

> 達磨多羅闔眾篇於同道，開一色爲恒沙。其爲觀也。明起不以生，滅不以盡。雖往復無際，而未始出於如。故曰：色不離如，如不離色。色則是如，如則是色。
>
> 佛大光（即覺賢）以爲澄源引流，固宜有漸。是以始自二道，開甘露門，釋四義以反迷，啓歸途以領會。分別陰界，導以正觀；暢散緣起，使優劣自辨。然後令原始反終，妙尋其極，其極非盡，亦非所盡。乃曰：無盡入于無盡法門。非夫道冠三乘，智通十地，孰能洞玄根於法身，歸宗一於無相，靜無遺照，動不離寂者哉。（《出三藏記集》卷九，磧砂廿九冊，頁 309）

從兩人的觀點比較中，不難得知：達磨多羅的禪法是著重一超直入的，所謂「開一色爲恒沙」者，即是直透現象基底的實在意義，根本洞視法性的本然。而覺賢的方式就沒有如此直接了，文中所云「澄源引流，固宜有漸」一語，很明顯托映出他強調步步爲營的漸悟心態，他認爲只有隨著「道冠三乘，智通十地」的層層深化，才能導出「洞玄根於法身，歸宗一於無相」的眞理。當然，達磨多羅與覺賢二人，並沒有徹底地釐清漸頓的問題，而且兩人都沒有足夠形成系統的理論組織，他們對於漸頓的問題，頂多只是做到適可而止的即興發揮而已。對於眞正全盤的系統化思索，仍不得不仰賴後起的道生。

按僧祐〈道生法師傳〉載，[註1] 道生在義熙五年以後，曾經「校練空有，研思因果，乃立《善不受報》及《頓悟義》，籠罩舊說妙有淵旨」。可見道生的頓悟義並不是肆意的虛構之物，它是通過「空有」、「因果」的嚴密推論，並參考了舊說，綜合過濾而成的哲學思維。雖然甫一推出，就遭到「守文之徒，多生嫌嫉；與奪之聲，紛然互起」的命運，不過，卻也因此在無形中，促發了另一次應時興起的頓漸之辯的序幕。近人劉果宗云：

〔註 1〕底下〈道生傳〉引文見磧砂廿九冊，《出三藏記集》卷十五，頁 354。根據湯用彤和劉果宗的說法，道生立頓悟義的時間，應在「闡提成佛」事件之前，如果以謝靈運在永嘉太守任內的期限來看，可能在宋少帝景平元年（西元 423 年）以前，道生就已經有相當完整而成熟的頓悟思想了。

生公發明頓悟義，早在六卷泥洹傳來以前，或從羅什受學已有所悟。至義熙五年還都後，便大唱其說，發揮自悟思想。於晉義熙七、八年間，已成爲京師諸義學沙門論爭之中心問題。(《中國佛教史論集》（四），頁 209）

由於京師諸義學沙門間的熱烈論爭，使得道生的頓悟思想能藉由批判性的諸多辯論反省，而得到更進一步的拓深。而當時的環境，對漸頓之辯的捲土重來，無疑也是相當有利的。我們今天由陸澄的《法論目錄》裏，還可以找到許多當時辯爭的遺迹，據其《慧藏集》所登錄者，有底下諸項：〔註2〕

1. 〈辨宗論〉　謝靈運

2. 法勗問往反六首

3. 僧維問往反六首

4. 慧驎述僧維問往反六首

5. 驎新問往反六首

6. 竺法綱、釋慧林問往反十一首

7. 王休元問往反十四首

8. 竺道生答王問一首

9. 〈漸悟論〉釋慧觀

　　　沙門竺道生執頓悟，謝康樂靈運辨宗述頓悟，沙門釋慧觀執漸悟。

10. 〈明漸論〉　釋曇無成

　　其中，〈辨宗論〉與〈漸悟論〉是最具代表性的兩篇文獻。慧觀的〈漸悟論〉已經亡佚，但〈辨宗論〉則迄今尚存。所以，今天要檢視當時頓漸之辯的情形，或掌握道生頓悟思想概況，〈辨宗論〉是一篇十分重要的文獻。

　　根據劉果宗的說法，〈辨宗論〉早在大本《涅槃經》未至之前，即已問世。它和慧叡的〈喻疑論〉一樣，都是當時頓漸之辯中的頓悟義思想代表作。劉氏云：

謝康樂著〈辨宗論〉，演述生公頓悟義，事在永初三年七月至景平元年秋，其爲永嘉太守時。此時大本涅槃經尚未南來，南朝佛教思想界，已分頓漸兩派，持頓悟義者，以生公爲首，其他有謝靈運及慧

〔註2〕下面這些資料具見磧砂廿九冊，《出三藏記集》卷十二，頁 328。值得注意的是，底下所錄參與頓漸之辯的人名，多半也都曾出現在〈辨宗論〉內，可見法勗等人，可能就是當時整個辯爭活動的主要人物。

叡等。慧叡著〈喻疑論〉，明佛性眞我，斥疑泥洹者「安於漸照」，
可知其亦爲頓悟家。(《中國佛教史論集》(四)，頁 221)

關於慧叡的〈喻疑論〉，本文在上一章第二節裏曾提及過。依照其立論的架構
觀之，確實頗有傾向於頓悟思想發展的可能。不過，是否即眞如劉氏所云，
是走向「以生公爲首」的頓悟思想，這一點則極須斟酌。事實上，以七住和
十住爲題(稍後即予闡述)而展開的頓漸之爭，在〈喻疑論〉中，根本未曾
被討論到。〈喻疑論〉裏，唯一可以接通道生思想的，只有「明佛性眞我」這
部分而已。因此，劉氏率爾認定慧叡即是道生頓悟義學者，顯然略失嚴謹。
不過，相形之下，〈辨宗論〉對於道生頓悟思想的代表資格，則絕無異議。據
《竺道生‧答王衛軍書》載，道生在生前就已讀過謝靈運的〈辨宗論〉，他曾
說：

究尋謝永嘉論，都無間然。(《廣弘明集》卷十八，磧砂卅一冊，頁
415)

可見，道生對於傳述其思想的〈辨宗論〉，早已有印可之詞(至於〈喻疑論〉
者，我們似乎僅能將之視爲外圍的參考資料)。所以，透過〈辨宗論〉而理解
道生的頓悟思想，應是一條可靠的管道。

此外，《肇論》中的〈涅槃無名論〉一文，也記錄了道生當時的頓漸之爭。
不過，〈涅槃無名論〉的眞僞，向來很受評議，湯用彤認爲：

如〈涅槃無名論〉爲僧肇所作，則爲持漸以駁頓之最早者。但此論
文筆力與〈不眞空論〉等不相似，且頗有疑點，或非僧肇所作。……
〈無名論〉十演中反駁之頓悟，顯爲生公說。而九折中所斥之漸說，
則爲支公七住頓悟說。是作者宗旨贊成七住說，而呵彈大頓悟。據
今所知，生公以前，無持大頓者。生公立說想在江南，且亦遠在肇
死之後。……〈無名論〉雖不出肇公手筆，然要亦宋初頓漸爭論時
所作。(《漢魏兩晉南北朝佛教史》，頁 670)

即使湯氏認爲〈涅槃無名論〉是贗作，但他仍然十分肯定這是一篇足以反映
「宋初頓漸爭論」的文獻。可見〈無名論〉的價值，原與作者是否爲僧肇，
無直接的關連。劉果宗在〈竺道生思想之考察〉一文中，則從另一角度剖視
這個問題：

然肇公《涅槃論》之初著，或言簡義深，申述法性理之非有非無，
宗極無二之旨。及至晉末，法顯六卷《泥洹經》譯出，及宋元嘉間，

> 北涼曇無讖大本《涅槃經》南來，佛性妙有思想大興，再因生公自
> 還都後，大唱頓悟佛性義，引起宋初頓漸悟思想論爭最激烈之風波。
> 故持漸悟義者，修改肇公〈涅槃無名論〉，並引用肇公死後所盛興之
> 涅槃經義，以抗道生頓悟義。(《中國佛教史論集》(四)，頁 239)

依劉氏之說，他是基本上認定〈無名論〉有僧肇原作的成分(所謂「初著」
者是)和被修改的部分，其中，被修改的部分，完全是出自後代「持漸悟義
者」之手，修改的目的是爲了抗制當時駸駸稱盛的道生頓悟說。綜上所述，
可知：不管〈涅槃無名論〉的作者是否即爲僧肇，它反映宋初頓漸之辯的情
況，這一事實應可確定。因此，我們在處道生頓悟思想或當時頓漸之辯時，〈涅
槃無名論〉的重要性，亦應被納入考慮。

再其次，《卍續藏》第一三四冊《名僧傳抄》中有〈論三乘漸解實相〉一
文，作者佚名，但內容涉及宋初頓漸之辯，也很值得加以注意。關於這篇文
獻，湯用彤曾做過這樣的蠡測：

> 反對頓悟之名僧，首稱慧觀。觀與生同遊匡山，並同往關中見什。
> 還江南後，亦爲世所重。作〈漸悟論〉以抗生公謝侯。《名僧傳抄》
> 載〈三乘漸解實相〉一文，審其次序，當即觀作，或並出〈漸悟論〉
> 中。(《漢魏兩晉南北朝佛教史》，頁 671)

湯氏使用了「當即」、「或並出」等字眼，表示他對作者一事也不十分肯定。
今天，由於〈漸悟論〉已佚，無從得悉慧觀的漸悟理論；不過，按照合理的
推想，他的一些見解，除了具載於〈漸悟論〉外，應該也會散見於當時的各
種文獻內，《名僧傳抄》的作者，或許是有鑑於此，才將〈三乘漸解實相〉文
和慧觀的傳記資料編輯在一起。由此層面加以審視，那麼〈三乘漸解實相〉
一文雖然未必即是慧觀作品，但却有可能是其思想的延伸(或有可能是後來
的弟子門人所作)。所以，對於這篇文獻，我們亦應給予正面的重視。

當然，在所有關於頓漸之爭的資料中，一向最受青睞矚目的，仍莫過慧
達的「大小頓悟六家」文。這段文獻，文體簡潔而扼要，雖然成之於道生之
後，却頗能釐清道生當時頓漸雙方的主要論點。在這段文獻裏，代表漸悟(即
主張七住頓悟者)的有支道林、道安、慧遠、埵法師及僧肇五家，而代表頓
悟(即十住大頓悟者)的便是道生。關於這段文獻的詳細內容，稍後均將提
及，於此不贅。

此外，尚有許多零星片斷的資料，如道生的〈答王衛軍書〉、劉虬的《無

量義經・序》等等，它們在理論性的建構上雖然不足，但仍然深具參考價值。

　　以上，我們大致了解道生當時頓漸之辯的相關文獻，這些文獻都是探求道生頓悟思想的有力線索。尤其是慧達的資料，更提供研究上的莫大便利。順此思路，底下就先從慧達的「大小頓悟」說進行之。

二、「大小頓悟」基本理論的差異

　　慧達《肇論疏》云：

> 頓悟者，兩解不同。第一竺道生法師大頓悟云：夫稱頓者，明理不可分，悟語照極。以不二之悟，符不分之理，理智恚〔註3〕釋，謂之頓悟。……第二小頓悟者。支道琳師云：七地始見無生。彌天釋道安師云：大乘初無漏慧，稱摩訶般若，即是七地。遠師（即慧遠）：二乘未得無有，始於七地，方能得也。埵法師云：三界諸結，七地初得無生，一時頓斷，爲菩薩見諦也。肇法師（即僧肇）亦同小頓悟義。（卍續一五〇冊，頁858）

另外，隋代的碩法師《三論遊意義》也曾記載：

> 用小頓悟有六家也。一肇師，二支道林師，三眞安埵師，四邪通師，五匡山遠師，六道安師也。此師等云：七地以上悟無生忍也。竺道生師用大頓悟義也。金剛以還，皆是大夢，金剛以後，乃是大覺也。
>
> （大正八九冊，頁121）

由這兩段引文看來，大小頓悟的基本分歧，似乎即在「七地以上悟無生法忍」這一論題上。根據劉虬《無量義經・序》的說法，第一個建立這個論點的，是晉末的支道林，〔註4〕其文曰：

> 支公之論無生，以七住爲道慧陰足，十住則群方與能。在迹斯異，語照則一。

然而道生的大頓悟思想，則主張唯有十地，才能眞正澈見無生法忍。唐均正《大乘四論玄義》卷二，曾記載：

> 經云：初地不知二地境界，乃至第十地不知如來舉足下足也。亦是

〔註3〕「恚」字不詳，或有可能是「悉」或「惠」的誤寫。

〔註4〕底下引文見磧砂廿九冊，《出三藏記集》卷九，頁311。支道林雖然是實際上第一位提出「頓悟」說的人，但因爲他迷信於七地證悟無生的見解，使得他的頓悟說始終難以擺脫另外三地的陰影；所以，從道生的角度看來，支道林的頓悟，其實仍等於漸悟。

> 大頓悟家云：至第十地，始見無生。小頓悟家云：至七地始見無生
> 也。（卍續七四冊，頁 25）

可見，大小頓悟歸根究底的癥結，主要仍在「無生法忍」的認定上。道生大
頓悟主張「第十地始見無生」，而小頓悟家則認為在第七地，即已陰足了「無
生」道慧，無需推到第十地才稱頓悟。

那麼，究竟那一種說法比較合理而富說服性呢？在進行這種價值判斷之
前，我們勢必要先從何謂「無生法忍」，以及何謂「七地」、「十地」的基本涵
義上入手。下面，我們首先了解「無生法忍」。

龍樹《大智度論》卷五三載：

> 須菩提答言：色不異無生，無生不異色。色即是無生，無生即是色。
> （磧砂十四冊，頁 502）

此處的「無生」，與不生不滅的空義，顯然是做了同義的運用。所以，按《大
智度論》的說法，只要能將心安住在不生不滅的空義上，就可名之為無生法
忍（忍有安住不動之義）。天親的《十地經論》卷十，有一段敘述，就將此道
理闡示得更為明白，其文曰：

> 經曰：入一切法，本來無生，無成無相，無出不失，無盡不行，非
> 有有性，初中後平等，真如無分別，入一切智智。是菩薩遠離一切
> 心意識，憶想分別，無所貪著，如虛空平等入一切法。如虛空性，
> 是名得無生法忍。（磧砂十四冊，頁 860）

由於心「如虛空平等入一切法」，所以不會對現象的生滅貪戀執著，因此得以
安住在「一切法，本來無生，無成無相」的法爾本性中。天親將此種境界，
即命名為無生法忍。在這裏，我們不難窺知，無生法忍的義涵，基本上便是
透過般若空義的實踐，發展而成的。換言之，只有般若的理則獲得充分的發
展，才有可能相應浮現此一境界。

另外，龍樹《大智度論》卷五三，也針對這種境界，而做過更深一層的
描寫：

> 是菩薩得無生忍時，滅諸煩惱，得菩薩道，入菩薩位。雖有煩惱氣，
> 生道場時，乃盡無所妨，故畢竟淨。

依龍樹說，無生法忍的特性有三：

1. 煩惱滅盡，但仍未斷習氣。
2. 菩薩因此得入道位，必可成就。

3. 能在一切處「無所妨」地展現畢竟清淨。

這些特性，單獨檢視，可能無特殊之處。但若能與「七住」的內涵相比驗，其義蘊就顯得格外不凡了。

依西晉竺法護譯《漸備一切智德經》卷三載，〔註5〕七住的內涵是：

> 行至七住，乃能逮成自在己行，而無等侶。猶如有人生於王家，乃為王子，有殊異德，為諸群臣所見奉敬。不以自己而放恣行，假使長大，承己身力，超諸臣下所論國位。……若有菩薩遊于本際而不取證，猶如佛子。時彼丈夫，乘大舟船入於大海，將船之師工有方便，知水之宜，既行大海，不遭水難。如是佛子，菩薩立行，逮第七住，乘度無極道法之船。船行本際而不取證，以逮如是聖慧勢力，承三昧力成就諸行。解覺道意，以大善權智慧之力，現生死門，遊輒滅度，心性自然。已現其身眷屬俱，往來圍繞，在憒鬧中而常專精，逮致寂定本願之故。生在三界，不為世俗之所污染。出入進退，寂寞澹泊，善權光明，靡所不曜。（磧砂八冊，頁369）

上面的敍說，頗顯蕪雜，不過，仍可大致過濾成下面三點看法：

1. 菩薩在七地時，已達成「自在己行」、「心性自然」的般若觀照，猶如佛子般，將來必定成佛。

2. 雖具佛子般的地位，但七地菩薩仍必須「承己身力」做持續的努力，才能成佛證得極慧。

3. 七地菩薩雖生三界〔註6〕之內，但已遠離煩惱染污，斷結去惑，其境界永恒保持在「寂寞澹泊」、「靡所不曜」之中。

根據這三點看法，我們知道：七住境界與無生法忍之間，確是有相當的雷同與吻合。支道林說「七住為道慧陰足」，埵法師云「三界諸結，七地初得無生，一時頓斷」，這些推論在此處，都可以得到充分的驗證。可見，小頓悟家的觀點，原自有客觀的真理依據。不過，面對八、九、十地具實存在的問題，小頓悟家的理論，似乎就顯得左支右絀了；因為如果承認七地以上另有

〔註5〕 下面的引文是採用竺法護的譯文。鳩摩羅什亦譯《十住經》，其譯本與竺法護相同，卷四也有描寫七住的文字，不過，羅什這部份的譯文較多長偈，雖然經義雷同，但考慮說明上的方便，我們在七住部分仍決定以竺法護的譯文為妥。至於十住的部分因為羅什的譯文比較扼要，沒有竺法護的冗長，所以，十住的譯文部份改採羅什之說。

〔註6〕 三界意指眾生所取的欲界、色界和無色界。

三地，則無異是承認七地的領悟不是眞正的頓悟。所以，小頓悟學者所面臨最大的困境，是沒有辦法再進一步展開足以超越另外三地限制的學說。雖然〈涅槃無名論〉中曾企圖運用「三乘根機」之類的論點，期求有關八、九、十地存在的合理化解釋，但終究不是徹底的辦法。

在道生看來，眞正能解決這一困境，而又能同時貫徹頓悟理念的作法，就是將無生法忍的圓現，推極到十地。換句話說，道生認爲，最後決定頓悟的，並不在七地，他主張「第十地始見無生」的大頓悟。爲凸顯這個說法，我們不妨先從了解「十地」的蘊涵這方面著手。

鳩摩羅什譯《十住經》中，對於十地的描寫如下：

> 猶如轉輪王，假授太子位。時諸十方界，普皆大震動，乃至阿鼻等，諸苦皆除滅。菩薩爲一切智慧得是職，如是名爲到無上法雲地。住於是地中，智慧無邊限，善知度一切世間諸因緣。入色無色法、欲色無色界，能知眾生性國土性法性，又能入可數不可數法中，乃至能觀擇空無量性。（磧砂八冊，頁 416）

十地的境界，離佛果僅只一步而已，因爲「智慧無邊限」的特性，使得它具現般若的深度和廣度都達到空前。方東美曾說：

> 從第一級到第七級是菩薩地，從第七級到法雲地是大菩薩地，過了法雲地才可以成佛。（《中國大乘佛學》，頁 145）

可見十地較諸七地，確有更臻圓滿高明之處。就道生的觀點而言，菩薩必須登上十地的極位，才可稱得上是眞實內證無生法忍，在《法華疏》內，他曾舉「開示悟入」例，說明這個道理：

> 初住至七住，漸除煩惱曰『開』。……八住得觀佛三昧，常樂『示』佛慧悟知見。……九住菩薩爲善慧，深『悟』佛之知見也。……十住菩薩以金剛三昧，散壞麤習，轉『入』佛慧。（卍續一五〇冊，頁807）

依照他的說法，菩薩即使已修至七地，也不過只是「漸除煩惱」的初境而已，因爲最隱微的習氣依然粘滯在心中，並未徹底根絕，如果驟視七地即是頓悟，無疑是將自己的進步畫地自限。在道生的想法裏，眞正的頓悟，還必須藉著由積極的探察和深化才能獲得（他認爲小頓悟家所認許的頓悟，只是抓到混沌初「開」的契機而已）。因此，強調「示」佛慧悟知見的八地，以及深「悟」佛之知見的九地，在道生的頓悟系統內，就顯得格外重要。用方東美的話來

說，即是在「菩薩地」的基礎上，再建立「大菩薩地」的深切體驗。易言之，道生是希望透過漸入漸深的持續修為，將境界的展現推送到最高的頂點；這個頂點，用他的語言來表示，就是「散壞塵習，轉入佛慧」的十地境界。而他所認定的無生法忍，也只有在這個「轉入」的俄頃，〔註7〕才是真正被如實的親驗親見，道生所謂「以不二之悟，符不分之理，理智忘釋」者，無非便是無生法忍的另一表白。

　　而究實言之，道生此種十地滿證的心態，並非憑空出生的，除了如前面所提，基本上原與佛性工夫義的實踐要求直接相契配外，它和儒家的「窮理」說或禪法典籍的記載，也有精神上彼此輻輳的痕跡。陳榮捷就曾根據道生《法華疏》中「佛盡理全為護，永無忘失為念」、「窮理盡性，謂無量義定」（均見卍續一五〇冊，頁803）二語，斷定這是孔門之物，他在〈新儒家「理」之思想之演進〉文中說：

> 在道生，理得則成佛。道生甚至謂「佛盡理全為護，永無忘失」。窮理乃儒家之詞，不僅為佛家所引用，且為通佛國之道！道生又謂「窮理盡性，謂無量義定」。以故孔門窮理盡性之旨，成為佛門造化眾生之主要法門。（《中國哲學資料書》，頁34）

足見道生之主張十地大領悟，與儒者「窮理盡性」的要求，在基本精神上，是有可能彼此呼應的（此處「理得則成佛」義，稍後將提及）。陳榮捷強調窮理是儒家「通佛國之道」，如不由「理」的實質蘊涵言，而專取於其表現的精神來看，那麼，這個說法是相當可信的。

　　另外，從道生當時流行的禪法典籍，也可尋出其十住頓悟思想的蛛絲馬跡。據羅什所譯《首楞嚴三昧經》卷上云：

> 首楞嚴三昧非初地二地三地四地五地六地七地八地九地菩薩之所能
> 得。唯有住在十地菩薩，乃能得是首楞嚴三昧。（磧砂十二冊，頁83）

由於經文裏已明白昭示「十地」的住地菩薩，才能得到首楞嚴三昧，可能因此激發了道生十地頓悟的看法和意願，這一點，如果透過《涅槃經獅子吼品》的比驗，就更加清楚：

> 首楞嚴三昧有五種名：一者首楞嚴三昧，二者般若波羅蜜，三者金

〔註 7〕在道生的觀念裏面，「漸入漸深的持續修為」對於開啟頓悟而言，是一個應然的步驟，但二者之間並不具備必然的關係。事實上，道生認為，從頓悟的俄頃觀之，一定是「悟發信謝」的，關於這一點，稍後第二節裏的「依悟的立場看兩者關係」中，有比較詳細的解析，請讀者參看。

剛三昧，四者獅子吼三昧，五者佛性。隨其所作，處處得名。(《大
般涅槃經》卷廿七，頁 673)

文中已將「金剛三昧」等同於首楞嚴三昧，而金剛三昧正是道生十地所證入
的境界（稍後將提及）。由此可知，道生十地頓悟的提出，可能也有禪法典籍
的影響。

據上所述，道生之所以主張「至第十地，始見無生」的大頓悟，本身也
有很合理化的論證和成立依據。底下，將道生頓悟理論的主要重點歸納如下：

第一、道生認為，必須得見無生法忍，才是頓悟，而要究竟朗現這一境
界，只有十地的滿證才能做到。

第二、由於「無生法忍」，原是通過般若實踐而朗現的不生不滅之空義境
界，所以，道生的頓悟，意指證入不生不滅的空義境界言。他的「以不二之
悟，符不分之理」語，便是這一頓悟境界的表白。

第三、道生認為，在頓悟之前，必須先要有漸入漸深的持續修為，才能
在最後十地的剎那，轉入頓悟。

當然，這些結論主要是著眼於大小頓悟的比對產生的，它只能大略點出
道生頓悟思想的基本特色而已。如要徹底釐清道生頓悟思想所具有的可能義
蘊，必須考慮從現存可用的文獻裏，重新組織過濾，才能有效地表現出頓悟
思想的實具內容。

順應這個需要，本文接下來的安排，便是透過實際文獻資料的編輯整理，
系統性地呈現道生的頓悟思想。

第二節　頓悟思想的義理結構

前引慧達《肇論疏》中，稱述道生大頓悟義時，曾有「以不二之悟，符
不分之理」二句。其中的「理」和「悟」，顯然是相當關鍵的字眼。道生認為，
頓悟的出現，基本上是由個體發展般若的「悟」契會於空「理」所助成（即
陳榮捷「理得則成佛」之所指）；換句話說，頓悟究竟的目標是取證不可分之
「理」，但所取的方法則是趨「悟」的實踐。

當然，這僅是最粗略的理解。事實上，在相應於道生頓悟思想的前提下，
個別地通過「理」和「悟」的層面加以檢視，都可以拓展出十分深刻豐富的
蘊涵。本文在這一單元的安排，即有意就這兩個層面的充分展開，闡明其頓
悟思想的義理結構。首先，由「理」的層面進行之。

一、由「理」的層面言

　　前面，我們在闡述道生般若思想時，曾言及「理」的問題。按照推論所知：道生的「理」字，必須要安配在法身實相的本然義蘊上，它的價值才能得到實際的兌現。這是何以我們要將道生的「理」與般若的空義聯想在一起，而推出「空理」一義的主要原因。事實上，將「理」字與般若學掛鉤，不單只適用於道生一人，泛覽南北朝乃至隋唐佛學，多少都帶有這種傾向。唐君毅曾針對南北朝隋唐佛學的「理」義發展，下過如此的斷語：

> 吾人今至少可自佛家之境界或理境必由空諸情見而後顯上說，名佛
> 家之理爲空理。……佛家理論乃偏重在對世人說空，偏重對世間之
> 種種情見以及種種外道之學術理論，加以破除遮撥，亦是必然之事。
> 而對其所嚮往之佛境，亦必然說其爲超一般之情見所及，超一般之
> 思議所及，而爲超思議，或不可思議者。……故吾人仍可名佛家之
> 理論爲空理。（《中國哲學原論・導論篇》頁 40～42）

唐氏所謂空理「必由空諸情見而後顯」，不但可以應證道生般若空理的特徵，而且對當時的佛學，也是一個頗具普效性的說明。支道林在〈大小品對比要抄序〉中曾說〔註8〕：「至理冥壑，歸乎無名。」僧叡在〈大智釋論序〉亦有「理超文表，趣絕思境」語，都是有力的例證。

　　而在此處，首要的關懷主題是：「理」的意義，在道生頓悟思想中，究係扮演怎樣的角色？根據《肇論疏》所載，道生大頓悟思想的主要結構之一，就是「理不可分」的提出；而稱述道生頓悟義的〈辨宗論〉，也格外強調「理歸一極」的觀念。這些都足以凸顯並肯定「理」在道生頓悟思想中的重要地位。

　　爲了進一步指出「理」在道生頓悟架構內的實具意義，底下分從三個層面臚述之。首先，由「理不可分」一義開始。

（一）對「理不可分」義的體現和展示

道生在《涅槃疏》中曾說：

> 理無二實，而有二名。如其相有，不應設二。如其相無，二斯妄矣。
> 　（大正七三册，頁 487）

這裏所欲表達的信念，與前面曾經分析過的「理唯一無二」的論點，基本上並無太大差異。不過，此處特別加重闡示「其相有」、「其相無」的誤謬，藉

〔註8〕底下引文分見磧砂廿九册，《出三藏記集》卷八，頁298及卷十，頁318。

之豁顯「理不可分」的主題。〔註9〕道生指出：任何一種偏約取向的人為化探求，都極有可能導致對「理」的體會產生扭曲或誤解；所以，他在詮解頓悟義的時候，首先明示的便是「夫稱頓者，明理不可分」。〔註10〕道生提示我們關注「理不可分」這個課題的存在，對於進入他的頓悟領域而言，是深具重要意義的。近人劉果宗云：

> 竺道生深明此理體不可分，更進一層透見能悟之智，亦不可分，此
> 乃生公之創見，實非一般守泥文字者所能言及。（《中國佛教史論集》
> （四），頁 212）

的確，唯有先給予「理不可分」正面的定位，「能悟之智，亦不可分」的推論才能進一層透見；這應是進入道生頓悟思想的基本前提。

　　根據湯用彤的考證，在道生之前，「理不可分」之說早已流行。〔註11〕湯氏以未詳作者之〈首楞嚴經注序〉一文作為論據，底下將重要的關鍵語抄錄下來：

> 若至理之可分，斯非至極也。可分則有虧，斯成則有散。所謂為法
> 身者，絕成虧，遺合散。靈鑒與玄風齊蹤，員神與太陽俱暢。其明
> 不分，萬類殊觀，法身全濟，非亦宜乎。故曰不分無所壞也。（《出
> 三藏記集》卷七，磧砂廿九冊，頁 291）

文中所云「絕成虧，遺合散」語，與前述道生否定「其相有」、「其相無」的意旨，同樣都是對一切人為有限情見的遮遣，本質上都是築基於般若的深刻體驗，所表達出來的不二哲理。其次，「可分則有虧，斯成則有散」的義趣，與道生「大乘理無造作」語，〔註12〕也頗相暗合。由此可知，道生「理不可

〔註9〕從這裏便可以界定出道生的「理不可分」，其實即意指「空理」的不可分，而空理所以「不可分」，顯然必須通過般若思想裏的絕待、言語道斷等思路作連線，才能確立。關於這一點，請讀者再回顧第二章「般若思想」之說明，本文為行文緊湊起見，並不在此重覆贅述。

〔註10〕道生的頓悟觀，基本上從「明理不可分」，就可表現出來。後起的禪宗，曾在頓悟的領域中，發展出時頓（自性剎那開顯的頓悟）和圓頓（義理境界上的頓悟）兩種，由本文前述論點看來，道生在根本的精神上，可能較偏向後者。不過，道生除了有「明理不可分」的義理圓頓外，他也兼攝了時頓，本章第二節言及道生的頓悟有「自發自顯」一義，就頗具於時頓的意味。當然，由後起的頓悟說來詮解道生的頓悟，可能並不妥當，而且也明顯溢出本文討論範圍，本文並不計劃做這方面的詳述。

〔註11〕關於這個論點，可以參讀《漢魏兩晉南北朝佛教史》，頁 657。

〔註12〕道生認為，空理是遠離一切心念造作的。這句話，見諸卍續藏一五〇冊，《法

分」的論點，顯然前有所承。

　　不過，在追隨前人思想之餘，從另一方面，道生已經開始關注到不可分之「理」，與「無為」或「無」之間能夠建立的可能關係。

　　前面，本文亦曾提過，格義思潮一直到鳩摩羅什入關中以後，才在體質上有了真正的改變。其中，最大的變化就是：雖然在表層語言的構作上仍未脫除老莊外學的風習，但其內部的思理則已緊貼於佛學的本懷。以道生為例，他就曾嘗試以脫胎換骨的方式，將清談玄理中的「無為」和「無」的內容，轉化成畢竟空的空理。

　　道生在《法華疏》中曾說：

> 理為法身，所處無畏，踞師子床。往足恒在無為，為實机承其足也。

　　（卍續一五〇冊，頁 815）

從理的「住足恒在無為」觀之，顯然道生認為理體的本身必須仰賴「無為」的工夫做為基礎，才能外現「所處無畏，踞師子床」的風姿。換言之，道生是通過「無為」的觀照而開拓出「理」的實存義諦；更深一層講，「理不可分」之所以成為道生頓悟義所憧憬的實踐性理念，亦與「無為」的工夫，有極大的關連。道生另在《涅槃疏》內說：

> 如來無為，理則無惑。（大正七三冊，頁 396）

而在《維摩疏》中，則認為：

> 無為是表理之法，無實功德利也。（嘉興八冊，頁 89）

即是有意於將「無為」和「理」做一同質的結合。此一層面的挺出，實大有助於我們對道生頓悟義的了解。因為在道生當世的時人，稱引大頓悟思想時，往往便直接以「無為」一語取代「理」字。《涅槃無名論》的〈詰漸〉第十二，有名氏陳述道生頓悟義時，曾云：

> 心既無為，理無餘翳。經曰：是諸聖聖，不相違背，不出不在，其實俱空。又曰：無為大道，平等不二。既曰不二，則不容心異。（嘉興二〇冊，頁 271）

文中已經清楚標出無為「不二」的特性。由此可以推證，依道生理中，「無為」確實已經掙脫了格義的陰影，而在實質的意義上取得了畢竟空義理的內容。

　　一樣的原理，在「無」上面，也有相同的表現效果。

　　按道生《涅槃疏》所云：

華疏》，頁 813。

> 有虛空相，則是三界之物，以無物故，乃是真實也。以是實故，則
> 名常無者，無物之空，理無移易，爲常無也。（大正七三冊，頁533）

其中的「理無移易，爲常無也」一語，便可顯見「無」和空理是可以含容互通的。謝靈運在〈辨宗論〉答慧琳難時曾說：

> 若勩者日忘，瞻者驟進，亦實如來言。但勩未是得，瞻未是至，當
> 其此時可謂向宗。既得既至，可謂一悟將同無。（《廣弘明集》卷十
> 八，頁416）

由於道生的頓悟，基本上是通過「以不二之悟，符不分之理」的方式呈現；所以，此處「一悟將同無」的「同無」，與「同理」的意趣是一致的。劉果宗在解釋這段文字時曾說：

> 所謂『無』者，乃宗極之理體。……又宗極者，乃無二不可分。（《中
> 國佛教史論集》（四），頁250）

正好也恰如則分地將「無」與「理」作了巧妙的縮結。由這些事實可以證明：道生確是運用了脫胎換骨的方式，使得「無爲」和「無」也蛻化成空理的同型概念。

道生「理不可分」的思想雖承自前人，但若從以上論點加以衡估，則其在義蘊的體現展示上，顯然較諸前人尤有突破與融鑄之處。梁僧祐曾推許道生的著述風格爲「更發新旨，顯暢新異」（《出三藏記集》卷十五，磧砂廿九冊，頁354），用以形容「理不可分」一說，可謂十分恰當。

當然，晉宋時人中，真正能夠深化道生頓悟思想，且又能徹底表現「理不可分」一義者，仍屬謝靈運，尤其是他在〈辨宗論〉所提出的「理歸一極」說，更是將道生的思想做了淋漓盡致的發揮。底下，本文的進行，順勢便導入此一思路，繼續闡明。

（二）「理歸一極」說的內涵及其動向

謝靈運在〈辨宗論〉云：

> 釋氏之論，聖道雖遠，積學能至，累盡鑒生，方應漸悟。孔氏之論，
> 聖道既妙，雖顏殆庶，體無鑒周，理歸一極。有新論道士以爲『寂
> 鑒微妙，不容階級。積學無限，何爲自絕』。今去釋氏之漸悟，而取
> 其能至。去孔氏之殆庶，而取其一極。一極異漸悟，能至非殆庶。
> 故理之所去，雖合各取，然其離孔釋矣。（《廣弘明集》卷十八，磧
> 砂卅一冊，頁412）

文中所謂的「新論道士」，即指道生。謝靈運在這裏，藉著道生「寂鑒微妙，不容階級，積學無限，何為自絕」數語，擴伸為「理歸一極」的頓悟；他認為這是折衷孔釋二家，消除二家尖銳對立的最高規範。謝靈運這一理念的發揮，對於當時孔釋雙方各據壁壘、互不相知的文化困境，無疑是提供了一線生機。其中，他將佛家的「能至」和儒家的「一極」，做了同義的處理，顯然是受到道生「理無可分」義的啟示，足見謝靈運對於道生頓悟思想，確有極相應的深透和體悟。湯用彤在《漢魏兩晉南北朝佛教史》說：

> 按謝侯頓悟之義，源出生公理不可分義。而其特點，則在折衷孔釋之言。（《漢魏兩晉南北朝佛教史》，頁 668）

又云：

> 謝靈運作〈辨宗論〉，謂佛主一極，孔言能至，合之而有頓悟之說。此則截短取長，合二者而明新義。說雖新奇，然其認兩教一體，固甚顯然也。（《漢魏兩晉南北朝佛教史》，頁 468）

謝靈運發掘兩教一體的新論，一方面固有他獨悟的成分，另一方面則不得不歸諸於道生頓悟思想的浸潤之功。尅就後者而言，我們可以由道生的著疏資料中，尋得有力的證言。

道生在《法華疏》中，曾說：

> 乖理為惑，惑必萬殊、反側悟理，理必無二。如來道一。物乖謂三出物情，理則常一。如雲雨是一，而藥一萬殊。萬殊在於藥木，豈雲雨然乎？（卍續一五〇冊，頁 818）

所謂「物乖謂三」的「三」，意指法華會上所陳說的三乘。〔註13〕道生認為至極的空理永遠是「常一」的（就如同「雲雨是一」），它的本質和法性、實相都是彼此冥契；而「常一」之理所以顯得遙遠而難測其義，根本的因素，在乎眾生的「乖理」物情。順道生的思路言，如果「乖理」又不知反，生命必有陷入畫地自限的自滿危機。在他的觀念裏面，「三乘」就多少隱含這項憂慮。所以，道生認為：三乘的本身仍是有漏的，在他們尚未滿證「常一」空理前，依然只是在漸悟的歷程上。慧達的《肇論疏》曾引道生語云：

> 唯竺道生執大頓悟云：無果三乘，有因三乘。（卍續一五〇冊，頁 856）

〔註13〕三乘是指尚在進修階段的聲聞、緣覺、菩薩三等人。請參看第二章註 4 之說明。

就是明示佛乘「理不可分」和三乘未臻頓悟的事實。而道生另在《法華疏》
中又說：

> 佛為一極，表一而出也。理苟有三，聖亦可為三而出。但理中無三，
> 唯妙一而已。(卍續一五○冊，頁809)

雖然有「因三乘」之別，但一極的佛乘絕對是「理中無三，唯妙一而已」的。
所以，三乘行者只要能完成其修行趨證的全部歷程，最後終必印證「一極」
的究竟真理。

依此推論可知，謝靈運的「理歸一極」說，在道生頓悟思想內，早已發
展成熟。因此，「理歸一極」雖出自〈辨宗論〉，然以之表象道生的心願實最
為恰當。而這個觀念對於當時的影響是很大的，我們從南朝文人的作品中，
便隨處可尋具體的例證。

孔稚珪在《答蕭司徒書》中，曾說：

> 推之於至理，理至則歸一。置之於宗極，宗極不容二。(《廣弘明集》
> 卷十一，磧砂卅一冊，頁255)

所謂「理至則歸一」、「宗極不容二」，無非便是從「理歸一極」義推闡尋求得
來。而劉勰《滅惑論》亦云：

> 至道宗極，理歸乎一。妙法真境，本固無二。(《廣弘明集》卷八，
> 磧砂卅一冊，頁232)

一樣是受到「理歸一極」的影響。可見，自道生以後，「理歸一極」說，已
成為學界哲理思維的重要主流。無怪乎劉虬在《無量義經·序》中，會導出
「希無與修空，其揆一也」的結論，這是道生思想富於包融性的最有力證明。
〔註14〕關於這一點，方東美在《中國大乘佛學》中，曾經就道生以後的三家
思想融合，作過這樣的說明：

> 從道生以後，影響了儒家，不再排斥釋老，而佛學界的人也不再回
> 道家組織聯合陣線來反對儒家。從六朝以後，儒家的思想、道家的
> 思想同佛學的智慧逐漸再融會起來，變成中國文化裏面一體不可分
> 割的成分，而且給調合起來了。(《中國大乘佛學》，頁159)

這段話，便是從實際的歷史發展裏，對道生「理歸一極」義以積極肯定。

如上所述，我們已經看出，「理歸一極」的觀念，在道生頓悟思想中，不

〔註14〕劉虬所云「希無」者，指道家思想言。他說「希無與修空，其揆一也」，就是
運用「理歸一極」的思路，會通老釋。

單只是扮演理論的角色，而且也孕含著結納異質思想的充沛活力。尅就此言，我們可以說，道生之提出頓悟思想，其動機本身，可能也多少帶有調和三家的用意在裏面。

　　而底下我們緊接著要探討的是：在道生思想裡，「理」的不可分、歸一極，與當時三乘見理之說，是否能夠相融。本文接下來的安排，即據此基線予以展開。

（三）滿證之理與「三乘」之理的不同

　　根據〈涅槃無名論〉載，宋初主漸悟的學者，曾以法華「三車」之喻，而認定三乘皆有各自獨見之「理」。爲概見全貌，底下將該段文獻逐一錄出：

> 無名（主漸悟者的代表）曰：然究竟之道，理無差也。《法華經》云：第一大道，無有兩正。吾以方便，爲怠慢者，於一乘道分別說三，三車出火宅，即其事也。以俱出生死，故同稱無爲。所乘不一，故有三名，統其會歸，一而已矣。……此以人三，三於無爲，非無爲有三。（《肇論》卷下，嘉興廿冊，頁 267）

文中的「無爲」，就是理體本身（前已提及）。主張漸悟的無名氏認爲，雖然「第一大道，無有兩正」，但由於佛有「一乘道分別說三」的方便之門，再加上三乘都有「俱出生死」的共相，因此，認定他們的「同稱無爲」，並非過言。此外，爲了避免與「理不可分」義製造衝突，無名氏也推出「以人三，三於無爲，非無爲有三」的說法，表示三乘對無爲之理的體會，確有深淺高下的不同，但這並不影響「理」的本來是一。這個說法，在同文稍後又得到「斬木」之喻的更進一步強化，其曰：

> 請以近喻，以況遠旨。如人斬木，去尺無尺，去寸無寸，修短在於尺寸，不在無也。夫以群生萬端，識根不一，智鑒有淺深，德行有厚薄。所以俱之彼岸，而升降不同。彼岸豈異，異自我耳。然則眾經殊辨，其致不乖。（《肇論》卷下，嘉興廿冊，頁 271）

從斬木喻可知，漸悟學者對於「理不可分」一義，確有極深刻的肯定，所謂「修短在於尺寸，不在無也」，就是說明「無」之理獨立存在，不因修短差別而即行割裂的特質。換言之，三乘的材質雖有淺深厚薄之殊，並不造成他們取證理體的障礙，而且其各自分證之理最後都可俱臻彼岸。這一點，似乎可以引領我們追索從支道林以來的小頓悟學者，之所以堅持七住頓悟的真意所在。

此外，〈三乘漸解實相〉裏，也有相關的論解：

> 理實無二，因於行者照有明闇。觀彼諸因緣，有盡與不盡，故於實
> 相而有三乘之別。問曰：菩薩之與二乘，既不窮因緣之始終，何得
> 稱緣實相而得道？答曰：菩薩之與二乘，雖不洞見因緣之始終，而
> 解生死是因緣而有，知生死定相不可得，故能不染著於生死，超三
> 界而得道。(《名僧傳抄》，卍續一三四冊，頁 16)

三乘的行者，雖然不能「洞見因緣之始終」，但究竟是有所知的，因此雖未滿
證，却能「不染著於生死，超三界而得道」。這顯然較諸前者，尤有更深一層
的透視。

不過，以上這些推論，用道生的標準看來，仍是大有問題的。

首先，對於「理」的詮索，道生就顯有迥異之說。他認爲，「理」的呈現，
只有在貫徹全部修行歷程後，方屬可能。他說：

> 玄理幽淵，自非證窮，深理何由暢然。(《法華疏》，卍續一五○冊，
> 頁 804)

又云：

> 聖既會理，則纖爾累亡。(《法華疏》，卍續一五○冊，頁 819)

其中的「證窮」和「纖爾累亡」語，都極可凸顯出道生滿證見理的心態。如
果從這個觀念衡估前述慚悟家之言，則三乘見理、七住頓悟說，無疑都是難
以立足的。尤其是搭配在「理不可分」、「理歸一極」的脈絡裏，更可看出其
理論上的漏洞。〈涅槃無名論·難差第八〉，有名氏即曾藉「涅槃」一義，發
揮道生此一見解：

> 有名曰：涅槃既絕圖度之域，則超六境之外，不出不在，而玄道獨
> 存。斯則窮理盡性，究竟之道，妙一無差，理其然矣。而《放光》
> 云：三乘之道，皆因無爲而有差別。佛言：我昔爲菩薩時，名曰儒
> 童。於燃燈佛所已入涅槃。儒童菩薩時於七住，初獲無生忍，進修
> 三位。若涅槃一也，則不應有三，如其有三，則非究竟。究竟之道，
> 何有升降之殊。(《肇論》卷下，嘉興廿冊，頁 271)

此處所云涅槃，其實正是空理的實現。而所指「窮理盡性」義，原是道生思
想所固有，其與前述「證窮」等論旨，都有實質性的吻合。在此特別值得提
出的是，有名氏除了積極認同道生的思路外，並且也能夠洞觀漸悟家的理論
缺陷，他推出「如其有三，則非究竟」說，對當時普遍陷入「實相有三乘之

別」之理論困境的漸悟家而言，便是一針見血的批評。當然，毫無疑問，這種批評是以「理不可分」爲價值判斷的依據。尤其最後的「究竟之道，何有升降之殊」，更是兜轉到道生「理歸一極」的論旨上，爲其頓悟思想做一儼無隙縫的圓說。

　　所以，依道生頓悟觀點言，三乘七住所得的證量，並非究竟（實際仍停滯在漸修歷程上），他們或有發展頓悟的可能和潛力，但絕不能遽稱其爲頓悟。道生認爲，慚悟學者所強調的三乘見理和七住頓悟說，畢竟都脫不開指鹿爲馬的嫌疑。尤其根據《法華經》權、實二義的說法，屬於權義的三乘七住，根本仍身在化城，〔註15〕他們要獲取實義的頓悟成佛，顯然還需要付出更多的心力。道生在《法華疏》中就曾經如是說道：

> 佛既幽邃，難以一隅，故曲寄事像，以寫遠旨。……佛以本願故，
> 說三乘法。三乘之化，本爲濁世。其土既淨，不容有三。（卍續一五
> ○冊，頁 809）

既然是「三乘之化」，便顯見尚須往更高處攀進，因此，三乘所見之理，絕不能同等於十地金剛心後所見之理，道生說「其土既淨，不容有三」，就是以理不可分而歸一極的自覺，排除了「三乘之化」的涉問。當然，這並不是說道生對三乘的一切漸修行證，就抱持否定態度。事實上，漸修的工夫，不但應予肯定，而且對於證入頓悟而言，還是相當必要的（關於漸修，請參閱本章第二節二）。

　　劉果宗在〈竺道生思想之考察〉一文中，曾用道生的觀點檢視當時的七住頓悟說，其文曰：

> 支、安（指支道林及道安）二公乃據守經文，以七地結盡，始見無
> 生，便謂頓悟在七住，而究竟證體，仍須進修八、九、十三地。蓋
> 既須進修，則猶未全見法性理體，既未見理，何名爲悟？又，既須
> 進修，則法性理體便有可分。至理既可分，則入理之慧亦可有二。
> 故支、安二公所立頓悟義，若就生公看來，仍未徹見，故仍屬漸悟
> 論者。（《中國佛教史論集》（四），頁 233）

所謂「既須進修，則猶未全見法性理體」一語，不但點出漸悟學者（包括小頓悟家）的共同盲點，而且也襯托出道生的十住頓悟說確實有遠較時人更鞭辟入裏的洞見。

〔註15〕「化城」意指變化出來的虛妄幻境，原出《法華經》的〈化城喻品〉。

據上所述可知，雖然前面我們曾提及，漸悟學者亦深諳於「理不可分」義（如斬木一喻），但却由於他們不能對實踐的活動進行透澈的掌握，以致誤認歷程即是目的（如三乘見理、七住頓悟等）。如此發展的結果，便是與「理不可分」一義，形成自語相違的矛盾。因此，只有主張全分滿證的道生頓悟義，才能符合並相融於「理不可分」的究竟本懷。

說到這裏，我們似乎可以將以上關於「理」的推論，嘗試歸納爲底下三個主要觀點：

第一、道生的「理不可分」一義，雖然前有所承，但仍有其操作上的獨具創意。他將「無爲」和「無」的義理鑲嵌在「理不可分」的層面上，不僅使「無爲」和「無」的使用跨越格義佛學的束縛，而且也積極拔昇「理不可分」在其頓悟系統中的地位。

第二、「理歸一極」說，雖出自謝靈運〈辨宗論〉，但確爲道生思想所固有。這一論點對於會通異質思想、消解不同文化的磨擦，都有很正面的意義。

第三、道生認爲，眞正的至理不容許有階級等第之分，如果至理的證入可以截劃階級，則必非至理。道生主張只有十地金剛心後，才能證理。易言之，道生要求的是滿證的理。所以，三乘七地所見之理，在他而言，皆不究竟，也都不能與於頓悟堂奧。

其中，第二和第三的觀點，顯然都出自一個共同的原型——理不可分。由此可見這個原型思想，在道生頓悟思想中的分量和價值，的確不容忽視。

此外，依道生思路言，在頓悟的過程當中，除了「理」的發展以外，還必須含攝一些相輔的機能，才能充分發揮頓悟的內容。其中，「理悟合一」觀的建立、信解漸修的肯定，以及「頓悟成佛」思想的提出，都是強調的重點；而這些亟須強調的重點，又與「不二之悟」存在著密切的關係。

所以，如果要完整地透視道生頓悟思想的玄微奧義，我們勢必要另從「悟」的層面去接通相關的論點，以更廣大的視野，發揮頓悟的可能義蘊。

底下，本文的進行，便由此一層面繼續展開。

二、由「悟」的層面言

在本章一開頭，我們便已提到：道生的頓悟義，必須通過「理」和「悟」的充分發揮，才能見其全貌。而前面一節，本文已大致處理了「理」的相關論點，底下緊接著是從「悟」的角度繼續展開其頓悟思想的實質義蘊。

這個單元的安排，主要分成三個論題。

第一個論題，我們要探問「悟和理之間的關係」。這個論題裏，思考的核心是在證體和理悟上面，由大、小頓悟家的不同詮釋態度，我們可以看出道生「悟理合一」觀的卓越之處。

而第二個論題，則主要在闡明「悟」的形成和其呈現的方式。這裏面，我們要特別強調信解漸修的意義，它是顯現頓悟妙旨的必要歷程。道生頓悟思想之所以沒有淪爲毫無生色的枯滯理論，與其強調具體的實證漸修，有很大的關係。

第三個論題，則是希望透過悟性和佛性的推極合一，以發展出「頓悟成佛」的論旨。其中，「頓悟成佛」一義，是道生頓悟思想最終極的發展。

順著這個理序，下面即先由「悟與理之間的關係」部份，試予展開。

（一）悟和理之間的關係

在尙未處理這一論題之前，我們要先清楚道生當時的小頓悟學者，對同樣的問題，究竟採取了什麼樣的詮釋。

（1）小頓悟家的悟、理見解

道安在〈十法句義序〉：

> 經之大例，皆異說同行。異說者，明夫一行之歸致。同行者，其要不可相無，則行必俱行。全其歸致，則同處而不新。不新故頓至而不惑。俱行故叢萃而不迷也。所謂知異知同，是乃大通，既同既異，是謂大備也。（《出三藏記集》卷十，磧砂廿九冊，頁 313）

此處「歸致」之意，即指「理」而言。按道安的說法，若能到達「理」的境界（即「全其歸致」），必可萬行具足而當下頓悟（即「不新故頓至而不惑」）。當然，此種境界，依小頓悟家一致的共識，必須要在七地中才能彰顯。在這裏，無形中便透露了道安對理體和智悟的二元區別，他說「全其歸致，則同處而不新」，就是將「歸致」之理視爲一分離於「一行」智悟的外設存在。換言之，道安所覺察的「理」，是一種停滯在七地即已宣告完成的「理」，而「悟」的探求，則仍須層層跨升直到第十地，才算是圓滿。這種基本心態，不只存在於道安的思想中，幾乎所有主張漸悟的學者（包含小頓悟家）都普遍擁有。以僧肇爲例，他的「有無雙涉，始名理悟」說，就充分證示這一心態：

> 六地以還，有無不並，無二之理，心未全一，故未悟理也。若七地以上，有無雙涉，始名理悟。（《肇論疏》，卍續一五〇冊，頁 858）

僧肇認爲七地「無二之理」，只有在智悟的探索完成了「有無雙涉」的體現後，才是眞正被洞察（而此時即名頓悟）。此說固然解釋了七地「始名悟理」的論旨，但却無法說明何以個體的智悟仍需步入八、九、十地的事實。所以，小頓悟學者雖然能夠在七地巧妙地統合「理」、「悟」，對於其他三地的問題却顯得觸途成滯而無能爲力。湯用彤在《漢魏兩晉南北朝佛教史》中，就曾針對這個現象，做過下面的評論：

> 尋其所謂頓悟者，謂全其歸致，悟其全分。但其言至於七住，已得不新不二之眞慧，則實以證體與悟理截爲二事。於悟理既許全其歸致，於進修則尚有三位，而實未得其全分。所言矛盾，均滯於經文解釋七住之言，而未見圓義也。（《漢魏兩晉南北朝佛教史》，頁 658）

其中，湯氏批評小頓悟學者將「證體與悟理截爲二事」，的確是挖出了問題所在。事實上，小頓悟學者之所以無法超越三地的困局，主要原因就出在「理」、「悟」的二分上。因此，如果要遠離其見解上的限制和阻礙，整個「理」、「悟」觀念只有重新翻修了。強調大頓悟的道生，正是順應這一課題而建立其「悟理合一觀」。

（2）道生的「悟理合一觀」

道生在《涅槃疏》中說：

> 佛語爲證入眞實之理，不可變也，其悟亦湛然常存。（大正七三冊，頁 395）

而《法華疏》中亦云：

> 欲示眾之知見。向言本有其分，由今教而成。成若由教，則是外示。
> 示必使，悟必入其道矣。（卍續一五〇冊，頁 807）

以上舉示的兩則文字，已足以標明道生的理悟論點與小頓悟家究有何種不同了。按道生所言，「湛然常存」的悟和「證入眞實」的理，是一體彰顯的。由於悟的「必入其道」，再加上理是十地金剛心後所現的至理，所以，證體就是悟理，兩者的呈現一定是同時完成的。前引《肇論疏》道生語，有「夫稱頓者，明理不可分；悟語極照」一句，便是說明理悟之間確有推極冥契的發展可能，而「以不二之悟，符不分之理」一句，則是將道生理悟合一的觀念清楚展示。當然，用道生的角度來看，一旦達到「悟理合一」時，也就是心開意解的頓悟了。〈涅槃無名論‧詰漸〉十二裏，有名氏闡述道生頓悟義時，曾說：

> 又曰：無爲大道平等不二。既曰無二，則不容心異。不體則已，體
> 應窮微，而曰體而未盡，是所未悟也。（《肇論》卷下，嘉興廿冊，
> 頁 272）

既然至理是不可分的，那麼體現此一至理的智悟，當然也是「不容心異」的
不二之悟。所以，眞正的頓悟，不體現則已，一旦體現的話，一定是「不二
之悟」與「不分之理」共同彰顯的。由此不難窺知，道生的「悟理合一」觀，
原是安住在頓悟的當下立說的，這是道生何以在建立其頓悟說時，屢排三乘
涉問的主要原因。關於這一點，〈無名論〉的〈責異第十〉，有推理式的舖說，
其文曰：

> 請問我與無爲，爲一爲異？若我即無爲，無爲亦即我，不得言無爲
> 無異，異自我也。若我異無爲，我則非無爲，我自常有爲，冥會之
> 致又滯而不通。然則我與無爲，一亦無三，異亦無三。三乘之名，
> 何由而生也？（《肇論》卷下，嘉興廿冊，頁 272）

其中，「無爲」指理體，「我」指行者的慧悟自性。文中「我即無爲，無爲亦
即我」一義，即指道生思想而言。按尋其理路可知，如果承認了理不可分（即
「無爲無異」）的前提，那麼相應於理的悟（即「我」），也宜應是不二之悟才
是。如果在此時又從悟境上衍化出「三乘之名」的分別來，無疑便是破壞了
「我即無爲，無爲亦即我」的和諧，所以，才會有「不得言無爲無異，異自
我也」的警示。這固然是出自於推理的結論，但擺置在頓悟的當下言，同樣
可以成立。道生曾有「其土既淨，不容有三」語，倘使也能把握在「悟理合
一」的頓悟契機上予以審視，則其義蘊當更加得以發揚。

　　不過，道生自己顯然也發現到，成立在至理上面的不二之悟，並不是停
止了生命的流動而純從「悟理合一」的推溯即可獲得。他認爲悟的成熟，必
須要有「信解」的實踐活動爲基礎才能圓滿。爲凸顯「信解」與悟之間的關
係，底下就從這部分進行了解。

（二）「信解」漸修與「見解」之悟的關係

慧達《肇論疏》曾引道生語曰：〔註16〕

> 見解名悟，聞解名信。信解非眞，悟發信謝。理數自然，如菓就自
> 零。悟不自生，必藉信漸。用信伏惑，悟以斷結。悟境停照，信成

─────────────────────

〔註16〕原《肇論疏》的文字，有許多地方讀起來並不通順，下面的引文是依照湯用
　　　　彤《漢魏兩晉南北朝佛教史》，頁 659 的考正加以引錄的。

萬品，故十地四果，蓋是聖人提理令近，使行者自強不息。

從這裏，我們可以看到，道生對於「悟」的了解，已經由理論性的純粹探求逐漸轉入以「信解」組構而成的漸修工夫中。這個探求方向的扭轉，我們在第二章介紹道生工夫義佛性思想時，已略曾提及，不過，此處我們發展的重點，主要是定位在「信解」漸修與悟之間的關係上。爲推動這個主題，首先應從「信解」和「見解」的關係入手。

（1）信解和見解的基本關係

道生的「信解」、「見解」二語，源出僧伽提婆與慧遠共譯的《阿毗曇心論》。該論卷二曰：

> 若彼趣時，從信行鈍根，是信解脫。若彼從法行利根，是見到。（卍
> 正四七冊，頁 887）

其中，「信解脫」即是「信解」，「見到」即「見解」。推尋原意可知，信解與見解的主要不同，是一鈍一利。所謂鈍利之別，倒不是完全僅指根器而言，它更重要的意義是在於區分漸修以及頓悟的不同。這一點，我們由道生「悟不自生，必藉信漸」的使用，即可得到證實。關於「信解」的漸修義，《阿毗曇心論》曾一再言及：

> 從信行諸法，及從法行法。……無著及信脫，彼同性增道者，謂信
> 解脫。一向性必昇進，是增益諸根，逮得見到。（卍正四七冊，頁
> 888～889）

這段話，將「信解」與「見解」間的關係，做了大致的描述。依文意，「見解」必依「信解」方可完成，二者之間，是構成一種「昇進」的關係，由於有信解「從信行諸法」的不斷累積，才能企獲「逮得見到」的頓悟。此一觀念，從道生的「本末」觀亦可見出：

> 本末，萬善之始爲末，佛慧之終爲本。（《法華疏》，卍續一五〇冊，
> 頁 806）

所謂「本末」語，本身並不涉價值判斷。在道生看來，「萬善之始」的漸修和「佛慧之終」的頓悟，都同等的重要，難以偏廢。謝靈運〈辨宗論〉傳述道生頓悟義時，也曾說：

> 由教而信，則有日進之功。非漸所明，則無入照之分。（《廣弘明集》
> 卷十八，磧砂卅一冊，頁 412）

由此可知，道生的頓悟思想，本身並不排除漸修信解，對於發展「入照之分」

的「悟」而言，信解仍不失爲是正面的有益資糧。他說「悟不自生，必藉信漸」，正是著眼於此。

另外，如果尅就信解與見解的功能觀之，兩者的發展路向，也是相當關鍵的話題。道生的「用信伏惑，悟以斷結」一語，多少便點出二者的不同。

（2）信解和見解的功能差異

首先，我們應該理解的是，「用信伏惑，悟以斷結」語，重點並不在「惑」和「結」上，道生所欲強調的主題，是信解的「能伏」及見解的「能斷」（其所謂的惑、結，本質上只是無明煩惱的異稱而已）。道生認爲，通過信解漸修，可以調伏無明煩惱的蠢動，而經由頓悟，則可將無明的根本澈底拔除；前者表現出對內在無明步步克服化除的努力，後者則直接通達於洗淨靈魂之道。在〈辨宗論〉裏面，謝靈運即曾依道生原意而展開爲「伏累」和「滅累」之說，其文曰：

> 累起因心，心觸成累。累恒觸者心日昏，教爲用者心日伏。伏累彌久，至於滅累。然滅之時，在累伏之後也。（《廣弘明集》卷十八，磧砂卅一冊，頁 412）

所謂「累恒觸者心日昏」，即表示無明煩惱的放恣蠢動，而「教爲用者心日伏」，則指信解漸修的實際努力。爲貫徹道生「悟不自生，必藉信漸」義，謝靈運指出，「伏累」漸修的信解經驗，絕對是個體遞升到「滅累」頓悟的必要歷程，所謂「伏累彌久，至於滅累」以及「滅之時，在累伏之後」便是強調這個道理。而爲了深一層明示「伏累」與「滅累」的不同，謝又說：

> 伏累滅累，貌同實累，不可不察。滅累之體，物我同忘，有無一觀。伏累之狀，他己異情，空實殊見。殊實空異己他者，入於滯矣。一無有同我物者，出於照也。（《廣弘明集》卷十八，磧砂卅一冊，頁 413）

他說「滅累之體，物我同忘，有無一觀」，顯然這種描寫，並不是普通意義的外在體驗，因爲它已經直接契入道生不二空理的核心了。而相對於滅累的「伏累」義，按謝的說法，則仍處於二元的分別對待中，所謂「他己異情，空實殊見」者是。言下之意，即謂：見解頓悟的本體，是無分別智的；而信解漸修的本體，則仍未踏破分別智的牢籠。前者是直接出於「極照」之慧，堪稱眞悟，而後者則不免「入於滯」，尚未究竟。如果將這個論解兜回道生「用信伏惑，悟以斷結」語，則道生的原意就更加明朗了。按謝的解釋，由

於信解的閱歷都是依分別智安住起用，所以它最多只是完成「伏惑」的功能而已；〔註17〕相形之下，從信解的閱歷中蛻化出來的頓悟見解，則能依無分別智的觀照，從根挖起無明虛妄的藤蔓，因此它可以成就「斷結」。方東美在〈道生的佛性論〉一文中云：

> 他（道生）在他的時代講佛學，以他很高的天份能夠認識佛學上面的造詣是：凡夫與佛有距離、小菩薩與大菩薩有距離、大菩薩與佛還是有距離。培養智慧是分了等次、分了層級的：起初也許是錯誤，然後是相對的知識、更完滿的相對知識、比較更高的相對知識，一直在知識的階梯上面不斷地向上爬。許多閱歷都經過了之後，第二層的時候，第一層的錯誤避免了；站在第三層的時候，第二層的錯誤又避免了。如此閱歷境界，最後把知識都點化了成爲完滿的知識，形成最高的智慧，就是從分別智裏面點化了成爲無分別智。（《中國大乘佛學》，頁151）

所謂「培養智慧是分等次層級」，用以形容「信解」和「見解」的不同，是最恰當的。其中，「信解」的伏惑漸修無疑便屬「一直在知識的階梯上面不斷向上爬」的情形，而「見解」的斷結頓悟，當即是最後「從分別智裏面點化了成爲無分別智」的具體實現。

由以上的敘述可知，信解與見解就功能上比較，確有不同。底下，我們嘗試再從「悟」的呈現探討二者的關係。

（3）依悟的呈現看兩者關係

根據吉藏《二諦義》所引道生語云：

> 果報是變謝之場，生死是大夢之境。從生死至金剛心皆是夢。金剛後心，豁然大悟，無復所見也。（大正八九冊，頁111）

在了解這段文字涵義之前，我們不妨先回顧第二章所談過的「絕待的空性」及「言語道斷」的觀念，這對觀念極可能就是道生隱藏在背後的思想基礎。根據於這對觀念，很自然便可將頓悟的規模導入言亡慮絕的超越境界中，體現出超絕生死對待的般若空理。道生說「果報是變謝之場，生死是大夢之境」，

〔註17〕按照現有關於道生「信解」漸修的文獻來看，道生似乎只提示了漸修的「伏惑」功能而已，對於整個漸修的發展歷程（包括其間的次第、變化等等），他並無特別強調的記載。不過，我們仍須知道，漸修的歷程，絕對是一不可忽略的層面。當然，關於這部分，由於能夠掌握的文獻相當有限，本文並不能夠做恣意的處理，只好暫作保留。

若能通過上述思路予以透視，便不致難以理會。而所謂「豁然大悟，無復所見」者，其實就是證入不二空理後所昭顯的宇宙觀。

相應於此一頓「悟」的層面，我們再來檢視道生「信解非眞，悟發信謝」一語，就格外容易理會了。其中，「信解非眞」，不管是站在至理空性的絕待，或「言語道斷」的立場，都可推出這樣的結論；它和「從生死至金剛心皆是夢」一句所表達的道理，並無兩樣。而「悟發信謝」，則是說明行者在進入見解之悟的層次後，對於工具性的漸修信解必然的割捨；這一層道理，極容易讓人聯想起《金剛般若波羅蜜多經》上的一句話：

> 如來常說：汝等比丘，知我說法，如筏喻者，法尚應捨，何況非法。
>
> （磧砂五冊，頁 316）

所謂「如筏喻者」，對於「悟發信謝」一語，便是最生動的說明。所以，雖然信解對於發掘見解之悟，是一種十分必要的條件。但在實際印證空理、當下頓悟後，這些渡河的舟船，仍必須揚棄。

綜括以上的看法，我們可歸納爲幾點結論：

第一、道生認爲，頓悟的獲得，如果沒有信解漸修的努力，便不可能成就。因此，頓悟思想的體系裏，絕不排斥漸修。

第二、依「用信伏惑，悟以斷結」觀之，道生認爲，信解漸修的功效僅止於能「伏惑」而不能「斷結」，眞正能完成「斷結」使命的，只有見解之悟。

第三、進入見解頓悟後，信解漸修的色彩會自然褪除，這是站在悟境的絕待和「言語道斷」的立場觀照下，必然的發展。

上面所列的三點結論，完全是根據於信解和見解間的關係，所歸納出的原則。其中，較應重視的是第三點。

第三點雖是豁顯「悟發信謝」的意義，但其實所牽涉的問題並不單純。在這個小節裏，我們由於承接「理悟合一」的系統，所以對問題的處理，也就偏向於從般若空理的層面發揮，雖然也可以成說，但總有些許遺憾。主要原因是：道生的頓悟思想，在基本的信念上，是必須般若和佛性兩個系統彼此活絡運作，才能有健康的伸展。所以，我們似乎也可以考慮，再從佛性的層面，肯定「悟發信謝」的問題。

職是之故，本文下一步驟，便是試著由悟性與佛性的推極合一，以求圓融此一問題，並藉二性的合一，導出道生頓悟思想最終極的發展——頓悟成佛。

（三）悟性與佛性的結合

這個單元，計劃從三個方向進行。第一，首先要從工夫義的佛性理路中，推演出它與悟性的合一。第二，則是透過兩者的合一，開出悟性「自發自顯」和「一悟全悟」的本具特質。最後，則將主題導入「頓悟成佛」此一終極意義的完成。

其中，悟性與佛性的合一，是本單元的義理核心，經由它始可發展出另外兩個論點。所以，首先便從這一部分開始。

（1）悟性與佛性的推極合一

道生在《法華疏》中說：

> 以神通力接諸大眾皆在虛空。所以接之者，欲明眾生大悟之分，皆成乎佛。（卍續一五〇冊，頁 824）

「大悟之分」，在此原指佛性，它是使我們「成乎佛」的期望成為可能而又有意義的原理。不過，由於道生在這裏運用「大悟」一語，無形中便衍生出悟性和佛性之間的問題。

在第二章中，本文論述道生工夫義佛性思想時，曾特別提到般若直觀與佛性之間的密切連繫，其中推出的一個看法就是：「在佛性的『性本是眞，舉體無僞』的表達底層，必須要有深刻無比的空理直觀體驗做爲基礎才行。」這個論點，其實還可以有再進一層的發展。爲凸顯其更深入的發展，底下便試由道生的幾則經疏予以展開：

1. 現佛性照極之時，不待食，離對待也。（《涅槃疏》，大正七三冊，頁 393）

2. 除結惑之覆，爲掘見佛性故，爲出金藏故。（《涅槃疏》，大正七三冊，頁 449）

3. 所以舉第一義空爲佛性者，良以義類是同。（《涅槃疏》，大正七三冊，頁 544）

我們將這三則文字對照於前述「悟」的觀點，不難看出佛性和悟性之間的關係。道生在 1. 裏面，明白指出：佛性充極的朗現，本身也就是不二之悟「照極」的朗現，二者同樣皆證得了「離對待」的空理境界。換句話說，道生認爲，佛性和悟性推極的發展，基本上是一致的。而在 2. 之中，則明示斷除結惑與開掘佛性的關係，此一觀點如果能陪襯著「悟以斷結」的理解，就更加可以將佛性和悟性間的同質關係托顯出來。至於所謂「第一義空」者，

透過悟理合一的聯想，其實只是不二之悟的活絡運用而已，兩者本質上並無不同。所以，推尋道生的思想，細予過濾融會，必可得出佛性與悟性「義類是同」的結論。

　　不過，這個結論，仍然必須要搭配在道生工夫義的佛性實踐以及整個頓悟思想的架構上，才能顯出其積極的涵義。底下，略分兩部分推說。

　　第一、從〈辨宗論〉的根本論旨可知，謝靈運等人所理解的道生頓悟義，幾乎都僅只停留在頓悟的般若結構上，極少涉入「成佛」的終極旨趣。這種偏向的發展，對於頓悟思想如何導入「成佛」一義，並沒有具體的說明。此處如果能將趨悟的悟性，正式點潤為佛性，把頓悟的旨趣推極至「成佛」的目的，那麼，必可重新澄清並調整我們對道生頓悟思想的理解。

　　第二、既然佛性和悟性是一，那麼佛性在本體義方面所展示的性格，一定也同樣具現在悟性中。〔註 18〕因此，所謂頓悟，本身必是內具悟性的一種自我喚醒的表現。當然，這並不表示它與漸修的脫節，事實上，在悟性未轉醒之前，個體仍然要「必藉信漸」，只有真正達到自發自顯的刹那，才有資格說「悟發信謝」。而且，這種悟性的啟動，不展開則已，一旦展開的話，絕對是滿證全分的成佛大悟。所以，悟性與佛性的結合，無疑是增加並擴大了我們對「悟」的原有認知。

　　針對第一點可知，全盤的頓悟思想，必須要透過般若與佛性兩個層面的共同強調，才能凸顯。而透過第二點，則是說明了佛性理論對於道生頓悟涵義，可能產生的影響。關於這兩點，湯用彤在《漢魏兩晉南北朝佛教史》中，亦曾有類似的說明，可以參考：

> 總而言之，生公頓悟，大義有二：（一）宗極妙一，理超象外。符理證體，自不容階級。……（二）佛生本有，見性成佛，即反本之謂。眾生稟此本以生，故闡提有性。反本者，真性之自發自顯，故悟者自悟。因悟者乃自悟，故與聞教而有信修者不同。（《漢魏兩晉南北朝佛教史》，頁 668）

其中所謂「佛性本有，見性成佛，即反本之謂」一語，很能清楚而精確地表達頓悟思想的發展深義。這是我們在處理道生頓悟義時，不可忽略的一個層面。對於「反本」一義，我們早在第二章中即已有「工夫義佛性思想」的說

〔註18〕佛性的本體、工夫二義根本上是一體不可分的。既然不二之悟的悟性可經由工夫義的歷程與佛性融合為一，那麼必然也可內接佛性的本體義性格。

明，並不打算在此重覆贅述。不過，我們倒可以嘗試從悟的「自發自顯」以及「一悟全悟」的特性中，繼續探討關於「悟」的問題。

（2）悟的自發自顯及一悟全悟

道生在《涅槃疏》裏，曾提及「內照」一語，他說：

> 金剛為內照之實，實照體圓。（大正七三冊，頁 421）

這句話中的「金剛」，原是用以形容般若智性的堅固和銳利，不過我們若是將它視之為是形容「悟性」，也並無不可（事實上，不二之悟本來就需要堅利的金剛智慧才能彰顯）。因此，接上原來思路，我們可以說：依般若起用而呈現的不二之悟，是由「內照」而得。既然是「內照」，便可顯見不二之悟的完成並不由外（如信解等），它是一種在悟性內部自我彰顯及自我觀照的辯證歷程。這個道理，另外在《維摩疏》中，道生也藉「無無量生」一喻再做說明：

> 夫無無量生者，體生是無，故得之矣。……生本根於癡愛，是有者之所惑，故宜於外推其體也；無無量生原在悟理，是得者之所達，自應以正位，於內明之也。

道生指出：「原在悟理」的超越境界，不能「於外推其體」，因為它根本是悟性的自發自顯，只有「於內明之」的方式才能與它取得溝通。這說明了不二之悟本身自性起用的特質。道生此一見解，對於後起的禪學，顯然是起了深度的啟蒙作用。以慧能為例，他曾說：

> 萬法盡在自心，何不從自心中頓見真如本性。（《六祖大師法寶壇經》，嘉興一冊，頁 397）

便和道生有同工之妙。

其次，關於「一悟全悟」的特性，道生在《涅槃疏》中，也曾經提及，他說：

> 寶珠入水，渾者皆清。言旨既現，不復渾迹。（大正七三冊，頁 406）

道生認為，只要能夠登上「言旨既現」的悟境，展現在眼前的，必定就是一個全盤通達、了無渣滓的全悟。所謂「渾者皆清」及「不復渾迹」，便是印會這種全悟境界的證詞。前面曾節引〈涅槃無名論·詰漸〉十二語，其中有「不體則已，體應窮微」一句，也同樣是傳達這個訊息。另外，在《法華疏》內，道生又說：

> 一乘妙理，理無壅滯，如王者之印，無所不通。（卍續一五〇冊，頁 813）

此處所謂「理無壅滯」、「無所不通」者，正是「一悟全悟」所朗現開發的境界。底下，方東美的一段話，就極能說明這層道理：

> 道生的哲學，高明之處在於：他曉得知識的顛峯狀態就是所謂最高的智慧，把智慧本身投到宇宙裏面，它實質上就是最純潔的光明。那光明照耀出來之後，宇宙的一切雲霧，都被驅散了，整個世界的各種境界，都變作光天化日了。而在那種情形之下，就叫做般若與菩提相應。（《中國大乘佛學》，頁 151）

方氏的這番話，不但是道生「一悟全悟」的展示，而且也是悟性與佛性推極冥合的最好證明。從這裏，我們又繞回了主題，再度強化了悟性與佛性終歸結合的說法。

而在此一主題的強化之下，呼之欲出的終極關懷便是：頓悟的本身，就是成佛。

（3）「頓悟成佛」義的開顯

隋碩法師在其《三論遊意義》文中，曾引述道生的思想，他說：

> 竺道生師用大頓悟義也。金剛以還，皆是大夢；金剛以後，皆是大覺也。（大正八九冊，頁 121）

其中的「大覺」，除有相對於「大夢」而凸顯頓悟妙旨的效果外，另一方面，也暗喻著「成佛」這一轉依境界的完成。〔註 19〕此外，據《南史》卷十九記載，衷心服膺道生頓悟思想的謝靈運，亦曾對當時「事佛精懇」的會稽太守孟顗說道：

> 得道應需慧業。丈人生天，當在靈運前。成佛必在靈運後。（《南史》卷十九，頁 540）

也是將頓悟「慧業」的完成，與「成佛」相提並論。由此可知，道生的頓悟思想，在終極的發展上，必會推出「頓悟成佛」的結論。

不過，在這裏我們必須說明的是：道生「頓悟成佛」的所謂「成佛」，並不即指果地的佛，它所指的是「十住菩薩以金剛三昧，散壞塵習，轉入佛慧」的境界。換言之，「成佛」於此僅是虛說，它所欲揭示的眞諦是：只要人能發展他的悟性（佛性），在十地之後，必定可以憑藉「金剛三昧」的智慧，一次

〔註 19〕「轉依」其實也就是轉識成智這一境界的簡稱。不過，本文在此僅暫用以相對「大夢」設說，並不意味道生之「成佛」即是轉識成智。事實上，純依唯識學理言，地上菩薩的修持，本身就是破一分無明，證一分眞如的工夫；從初地開始，便可以有轉識成智的實際體驗了。

就將所有的塵習結惑破斥乾淨，由此而「轉入佛慧」，證成法身實相的不二空理。陳榮捷所謂的「理得則成佛」，便是站在這種角度立說的。事實上，依道生思理言，在乍現頓悟得窺空理的當下，它的本身，其實也就代表「成佛」一義的完成，二者是在同一時間對顯的。呂澂在《中國佛學思想概論》中，曾將道生的想法做了一番說明：

> 道生認爲，在十住內無悟道的可能，必須到十住之後，最後一念「金剛道心」，有一種像金剛堅固和鋒利的能力，一次將一切惑斷得乾乾淨淨，由此得到正覺，這就是所謂頓悟。(《中國佛學思想概論》，頁125)

其中，「得到正覺」，是在斷惑的當下，立即呈現的事實。由此可見，「得到正覺」的成佛和「悟以斷結」的頓悟，兩者是在同一個活動裏實現的。關於這一點，我們可以參讀方東美的一段話，做爲印證：

> 假使到達那一種情形，用《大般涅槃經》的名辭，或者根據道生的根本信仰來說，就是：一切人在般若智慧之光裏面，把自己的人性顯現出來，然後與佛性化爲同體。換句話說，假使我們借基督宗教裏面所用的名辭，那麼那時所謂人，不是普通的人，而是「神人」。用佛學上面的名辭，叫做大菩薩。在那種情形之下，可以說，每一個人都分享了成全的最高境界，亦即佛的法身。(《中國大乘佛學》，頁141)

的確，證入「佛的法身」，也就是道生所謂的「成佛」了。因此，「成佛」原只是說明精神修養到達空理境界的一種象徵，用方東美的話來說，只要個體能夠將「自己的人性顯現出來」，並達到所謂「與佛性化爲同體」的地步，「成佛」便是一椿現成的事實。當然，促成這一事實呈現的，非十地頓悟莫屬。

　　綜合上述，我們可以歸納本小節的重點如下：

　　第一、道生頓悟體系中的悟性與佛性，實質上是合一的。藉著兩者的合一，順勢便可導出悟性「自發自顯」、「一悟全悟」等特質。

　　第二、在悟性與佛性推極合一的帶動下，必會開出「頓悟成佛」的轉依極境。此時所謂的「成佛」，意指證入不二空理、轉入佛慧的十住境界言。

　　第三、依道生思理言，乍現頓悟的當下，本身也就是「成佛」一義的完成。兩者是同時呈現的。

　　其中的第三點，如果搭配在道生「眾生皆有佛性」的思路裏，會更顯得有意義。事實上，道生認爲，每一個人都是一位可能的佛，只要不空掉或離

棄這個信念，「頓悟成佛」終究是可能的。當然，僅僅停滯在理念上的信仰是不夠的，道生更鼓勵人去做的，是「必藉信漸」的實際活動。所以，道生的頓悟思想，對頓悟與漸修，始終是以和諧的方式將它們晶結在一起，印順在《我之宗教觀》書中，讚許道生的頓悟是「漸學的大頓悟說」（《我之宗教觀》，頁 58），便是一個十分相應的理解。〔註20〕

　　以上，我們已經對道生的頓悟思想，有了一番整體掌握，接下來的主題，是嘗試用省察的角度，對此一思想的影響及其現代的意義，進行評價。承此脈絡，本文緊接著便是導入下一章，繼續我們的探討。

〔註20〕如果跳開本文的脈絡，由唐代禪宗所謂「南頓北漸」的區劃來看，道生頓悟的基本性格，可能較趨向「北漸」派。

第四章　頓悟思想之評價
及其現代意義

　　在這個單元內，本文主要是依省察的方式，針對前述道生頓悟思想的各種論點，進行客觀的衡估。希望能藉由各種論點的有系統解釋和整理，突現出頓悟思想的應有評價及其現代意義。

第一節　頓悟思想之評價

　　本節的設計，擬分從「佛學中國化」、「禪宗、理學的啟蒙」、「印度佛學的融會」、「華嚴、涅槃地位提升」及「判教活動的進行」等五個層面，分別展開。首先，先談頓悟思想在「佛學中國化」上的具體貢獻。

一、積極推動佛學的中國化

　　前面，在闡述道生佛性思想及「理歸一極」觀點時，我們都一再推出儒佛相互會通的結論。依此基本定向，不難窺知，道生頓悟思想的內部，一定早已醞釀著佛學中國化的創造趨向。錢穆在《雙溪獨語》中，即曾說道：

> 只就生公一人為例，佛教之中國化，不待隋唐天台華嚴禪宗興起，
> 而已遠有淵源。抑且佛教思想轉成為中國化的佛教思想後，其在全
> 部中國思想之傳統內，終亦只成為一環，而仍不失其全部思想中先
> 後條貫之傳統性。（《雙溪獨語》，頁 162）

可見，道生確是使佛學接上中國傳統的重要關鍵人物。從他開始，佛學中國化的特色漸趨明顯，雖然當時儒家獨尊的局面早已過去，但在他的思想裏面，

却可強烈感受到佛學中國化的明顯發展。以其頓悟思想中所提示的真常佛性
為例，就極能呼應於儒家的傳統，印順說：

> 生公真常妙心的理境，融化在中國儒家的文化中，於是能做出淨化
> 神秘的工作，使真常之道，接近平常。(《佛教史地考論》，頁 391)

由於道生能夠與儒家的文化彼此間建立共識，又加上他對真常佛性思想明銳
的體悟，所以，在吸納印度佛學的過程中，便顯得伸縮自如，遊刃有餘。其
中，他使「真常之道，接近平常」這一點，不但代表佛性思想的儒家化，而
且也在無形中激發了本土學者對佛性義的興趣，道生卒後，僧旻等十二家在
佛性思想領域分別展開的新說，便可為例示。〔註1〕

其次，正如吳怡在《禪與老莊》中所說的：

> 道生雖然集當代佛學的大成，但他絕不是一個墨守經義，替前人作
> 註解的和尚，他有中國文化的涵養，他有自己獨立的思想。他把所
> 承受的印度佛學拿來當柴燒，以鑄鍊堅固的中國佛學。(《禪與老
> 莊》，頁 61)

此處，「以中國文化的涵養」而「鑄鍊堅固的中國佛學」，正可表白道生的心
願。事實上，在他的頓悟理念中，就已經可以看到這一趨向的發展了；尤其
是「理歸一極」義對頑梗文化壁壘的突破，更屬當代僅有。印順就曾經給予
道生這樣的評價：

> 他（道生）想使佛教中國化，使它合理化，使佛教的真理顯發出來；
> 他不肯阿世取容。這一切，在兩千年的中國佛教中，能有幾人。

的確，在中國思想史的發展裏，能像道生這般致力於佛學本土化的學者，並
不多見。特別是他的「理歸一極」觀，正面鼓勵了佛學與中國傳統的結合，
以共同會通的理境，而使不同文化背景的思想，透過彼此的誘披輔協，接到
同一個終極的真理上面。這一點，無論就氣魄或就做法言，都十分值得我們
尊敬。

錢穆先生有一段話，似乎就很能說明道生的本願：

> 如《莊子·齊物論》所言，彼亦一是非，此亦一是非，是亦一無窮，
> 彼亦一無窮，將永不知道之通而為一之所在。惟貴能會其各別，尋
> 其相通處，則不僅儒道有相通，釋與儒道，亦有相通，自見有一條

〔註 1〕 「十二家」之說，源自吉藏的《大乘玄論》。關於詳細的名錄及有系統的分類，
請讀者參見呂澂的《中國佛學思想概論》，頁 132～135。

主要線索貫串其間。得此線索，乃庶可以識得其傳統精神始終存在，
惟此乃是此一民族國家思想生命之所在。真的新生命乃可由舊生命
中誕生，而仍為同一生命。此一生命不絕，乃始可以使此民族國家，
亦承遠傳遞而不絕。……而道生諸高僧之闡揚佛教，亦復有一番中
國思想之傳統精神，隨時隨地而流露，其事亦無足怪。(《雙溪獨語》，
頁 170）

從這個立場來看，那麼，道生的闡揚「頓悟成佛」思想，無疑便是一種主動
創造文化溝通，以使民族國家思想生命傳遞不絕的嘗試。其在中國思想史上
的意義和價值，當然更加不容忽視了。

　　而順著佛學中國化的理解予以延伸，最後必可接上禪宗和理學的道路，
底下，續由此方面加以論述。

二、開啟禪宗與理學的道路

　　吳怡說：

　　道生思想與傳統佛學最大的不同，與當代佛家最大的爭執，就在頓
　　悟成佛之說；而這一說法，也正是揭此後數百年禪學大盛的先聲。
　　（《禪與老莊》，頁 63）

吳在此處明言：道生的頓悟成佛說，是開禪學的先聲。而道生的頓悟義，之
所以能成為後代禪學先聲，最主要是得力於其「理不可分」及漸修頓悟的主
張，因為它與禪宗初祖菩提達摩所力倡的《楞伽經》，在基本的想法上是暗合
的。據印順〈點頭頑石話生公〉曰：

　　生公是第一流的真常論者，在印度佛教真常論的發展中，就很有與
　　生公的悟見巧合的，如《楞伽經》的「淨除眾生自心現流，漸而非
　　頓。淨除眾生自心現流，亦復如是：頓現無相無所有清淨境界」。「於
　　第一義無次第相續，說無所有妄想寂滅法」，「言說別施設，真實離
　　名字；分別應初業，修行示真實」。這都是漸學頓悟而理無次第的。
　　（《佛教史地考論》，頁 390）

《楞伽經》的翻譯，是由求那跋陀羅在西元 443 年譯出，當時距道生圓寂已
將近十年（道生於西元 434 年圓寂）。從這個歷史背景看來，我們可說道生確
實是預取了禪宗初期的理論根本，而印順所謂「漸學頓悟而理無次第」，正是
道生頓悟思想直通禪學的主要媒介。方東美在〈道生的佛性論〉文中，曾對
這層道理提出下列的說明：

> 中國的禪宗，表面上是一個佛教的宗派，但是事實上在所謂超脫、
> 解放的要求這一方面，很像中國的老莊。而它講法滿狀態的佛性，
> 又變作孟子所謂善性。這三種最高的智慧滙結起來然後產生一個覺
> 悟是完滿的覺悟，這個覺悟在有修養的人裏面馬上卓然表現出來，
> 形成一種頓悟狀態。所以，眾生成佛的時候，在沒有成佛以前，當
> 然是慢慢來的，這是所謂漸修；但是就它的因圓果滿的狀態這一方
> 面看起來，的確是馬上就領悟這種最高的成就的。因此道生可以說
> 是禪宗這種頓悟的先導。(《中國大乘佛學》，頁 160)

禪的深度，只有靠頓悟才能丈量，而頓悟的獲得，又必須權藉趨向證悟的漸
修活動。這些都是道生頓悟思想內早已發展完成的信念，可見，道生對於後
起的禪宗，的確深具啓迪的意義。

其次，頓悟義所指陳的「理」，也極有可能是後代理學家「天理」概念的
直接淵源。方東美曾說：

> 他(指道生)講理性(即理)是講佛性，是講佛性上面所表現的理
> 性。……他所講的理性是貫徹宇宙一切境界的，它的樞紐在佛。這
> 正是宋儒從周濂溪起，到程顥、程頤，一直到朱子所講的天理。假
> 使不是道生在六朝以前提倡佛理賅一切境界，如果沒有這種學說作
> 前驅，則宋儒所謂天理之說，是很難產生的。(《中國大乘佛學》，頁
> 160)

此處，方東美所謂「理性」，意指頓悟成佛所表現的空理言。由於不二空理有
「貫徹宇宙一切境界」的特性，〔註2〕可能因此而使頓悟思想在無形中，成為
促發宋儒天理說興起的先驅。

另外，本文稍前所引道生之「乖理為惑，惑必萬殊」觀念，也和宋明新
儒家「理一分殊」說的建立，有相當密切的關係，陳榮捷在〈新儒學「理」
之思想之演進〉一文中，曾如是說道：

> 道生云「乖理為惑，惑必萬殊」。萬殊指事，因而事理觀，乃較以前
> 更為強烈。理一分殊，為新儒家根本學說之一。人固不知其源自道
> 生也。(《中國哲學資料》，頁 34)

〔註 2〕關於這一特性，請回顧本文第二章「法身實相之理」部分。方東美以為道生
的空理是宋儒天理說的前驅，基本上是站在它們之間的共通點立說，並非即
意指空理就是天理。這一點，我們宜應先予解明。

由此可知，道生頓悟思想不僅可能在宋儒天理說中扮演前驅的角色，而且復能以「理一分殊」的思想格局啓迪後起的理學，可見，頓悟思想應是新儒家蘊育發展歷程中，不可忽視的動力之一。

　　當然，在融合傳統、開創義學新局的同時，道生也意識到，只有積極統會印度佛學的精華，打通各種經論義理間的隔閡，佛學中國化的課題，才是眞正的落實。因此，我們在強調道生致力佛學中國化這個工作時，除了著眼中國傳統的一面外，對於他在統會印度佛學的實際成就，也不應忽視。下面，即由此一思路展開。

三、融會當代印度佛學精華

　　湯用彤在《漢魏兩晉南北朝佛教史》中說：

> 我國譯經，自道安之後大盛。道安在長安，所出多屬一切有部。羅
> 什在長安時，所出注重般若三論。曇無讖在涼州所譯，以涅槃爲要。
> 竺道生者，蓋能直接此三源頭，吸收眾流，又加之以慧解，固是中
> 華佛學史上有數之人才。（《漢魏兩晉南北朝佛教史》，頁 610）

依此看法，道生可以說是總滙有部、般若、涅槃於一爐的始創人。由於他能「吸收眾流，又加之以慧解」，因此，其個人理論上的突破與哲理的創發力，都屬空前。道生的同輩慧觀，在元嘉十三年（道生卒後三年）撰〈勝鬘經序〉時，曾說：

> 創基覆簣而雲峯已搆，沖想一興而淵悟載愶。言踰常訓，旨越舊篇。
> 故發心希聖而神儀曜靈，歸無別章而歎德斯備。（《出三藏記集》卷
> 九，磧砂廿九冊，頁 310）

雖是對經義的讚美，但用以形容於道生，似乎也十分恰當。尤其「言踰常訓，旨越舊篇」語，更是道生創造心靈最好的詮釋。此處，我們可以引用上一章曾介紹過的「開示悟入」例，做爲說明。

　　所謂「開示悟入」，原出《法華經》卷一（以羅什譯本爲主），本義是在宣示諸佛世尊出現於世的動機和目的，其文曰：

> 諸佛世尊，唯以一大事因緣故出現於世。舍利弗，云何名諸佛世尊，
> 唯以一大事因緣故出現於世。諸佛世尊，欲令眾生開佛知見，使得
> 清淨故，出現於世。欲示眾生佛之知見故，出現於世。欲令生悟佛
> 知見故，出現於世。欲令眾生入佛知見道故，出現於世。舍利弗，
> 是爲諸佛以一大事因緣故，出現於世。（磧砂九冊，頁 133）

可見，原來的「開示悟入」，只是純粹解明諸佛「出現於世」的因緣而已。然而，這一套觀念，在道生的心目中，却有了迥異於前的大翻轉。從上一章第一節（二）的引用可知，道生已經從「開示悟入」的原有論旨中，轉移他的與趣，直接推進到「十地」的方向裏。易言之，他雖然也注解經文，但絕非是以一個被動保守、逐字細校的方式去做哲理的思維；道生顯然清楚地意識到，只有通過不同思想的引介參證，才能發現經典的深義，也才可能開拓出更多更新的哲學課題。這一點，我們從慧琳的〈竺道生法師誄〉一文中，也可找到印證，文中慧琳形容道生爲：

> 乃收迷獨運，存履遺跡。於是眾經雲披，群疑冰釋。釋迦之旨，淡
> 然可尋。珍怪之辭，皆成通論。（《廣弘明集》卷廿三，磧砂卅一冊，
> 頁 455）

的確，從道生開始，許多不同體系的佛學思想，才逐漸破除彼此僵固的界域，而進行交會融合。以道生頓悟義爲例，就充分發揮了般若思想和佛性思想的特色；其中，統攝的經典，除了般若系和涅槃系的典籍以外，並涵蓋了華嚴十地、法華、阿毗曇等，幾乎已經完全會通了當時所有的佛學思想。慧琳所謂「眾經雲披，群疑冰釋」及「珍怪之辭，皆成通論」，想係即指這方面而言。

而此一理路，對於後來佛教義學的發展，顯然有廣大的影響。其中，華嚴、涅槃地位的提昇，即屬犖犖大者。

四、提升華嚴、涅槃的地位

由於道生的頓悟思想，特別深化了十地及佛性的義理，使得原本不太受重視的《華嚴經》和《涅槃經》，地位顯著提升。其影響所及，便是導致佛教義學研究動向，也轉而朝華嚴十地及涅槃佛性的探求方向發展。

《續高僧傳》卷五〈僧旻傳〉曰：

> 宋世貴道生，頓悟以通經。（磧砂卅冊，頁 697）

其中「經」字，即指《涅槃經》而言。足見涅槃佛性思想經過道生的提倡，在南朝已經有穩固紮實的基礎。據湯用彤考證，當時祖述道生涅槃思想的即多達十二家，〔註3〕由此可說明南朝研究涅槃風氣之盛。

至於華嚴十地思想，自從道生以十地頓悟的姿態爲它做了演示之後，學者的研習及弘傳便逐漸興盛。依黃懺華〈地論宗源流與學說〉一文所載，道

〔註 3〕屬於道生系統的涅槃學者，依湯氏說法，共有寶林等十二人，詳細的出處考
證及名錄，請參閱《漢魏兩晉南北朝佛教史》，頁 677～678。

生之後，十地思想始終仍駸駸稱盛、綿延不絕，其中慧光、法上等人，更以清研《十地經論》而創立地論宗南道派，直接影響了智儼，成為華嚴宗的前身。〔註4〕

湛然的《法華玄義釋籤》曾云：

> 開善以涅槃騰譽，莊嚴以十地勝矗擅名。（嘉興二冊，頁109）

開善和莊嚴都是道生以後，南朝著名的學僧，他們各以涅槃及十地的學術成就騰譽當時。由此不難看出，道生的頓悟思想，確實帶動了涅槃和華嚴的成長，使二者在義學研究的領域內，扮演重要的角色。

這裏面，特別值得一提的是：道生頓悟義對於華嚴宗的實際影響。陳榮捷在〈新儒家「理」之思想之演進〉文中，曾推許道生當時的學術思潮，是開法藏「理事無礙」新境的主要動力，他說：

> 理既同於涅槃，因而理為超越，則窮理亦即成佛之道。事與理的對立已不絕對。由於佛學之益見中國化，事與理之尖銳對立，已開始衰退。此一過程直至法藏乃臻於事理圓融之境。（《中國哲學資料書》，頁34）

其中，「理同涅槃」、「窮理成佛」乃至「佛學中國化」，基本上都與道生頓悟思想相契配，由此可見，道生對於華嚴宗的理事圓融說，可能也有很重要的影響。另外，華嚴宗第四祖清涼國師，也極可能深受道生頓悟義的熏陶，在他的《華嚴經疏序演義鈔》卷十一，就曾有「理歸一極」說的影子，他說：

> 昔說三理，謂各別證；今云法身是同，更無異味。昔言有三，是方便門，則閉於一實；今云無三，則一理自顯。……唯有極果無上菩提，心生歡喜，自知作佛，則實相顯矣。（嘉興八冊，頁615）

文中詮釋理體時，既引法身又引實相，可證清涼意指的「理」，即是道生所強調的不二空理。而所謂「更無異味」、「唯有極果」者，則根本是「理歸一極」說的翻版，無怪乎劉貴傑會認為清涼「乃道生頓悟思想之繼承者」（《竺道生思想之研究》，頁112）。從這些地方就可看出來，道生的頓悟思想，不僅在教理研究的領域中，積極拔昇了華嚴的地位，而且對於後來華嚴宗的設論立說，可能也存在著相當持續而深刻的影響力。

〔註4〕黃懺華〈地論宗源流與學說〉一文，現收錄於《魏晉南北朝佛教小史》，頁187～197。本段的說法，主要摘取自黃文第一節「地論宗南道派的法系」，請讀者參閱。

五、鼓舞判教活動的進行

　　所謂「判教」，依呂澂之說，其原型來自《涅槃》，呂在《中國佛學思想概論》中說：

> 《大涅槃經·聖行品》中，講到佛說有各種經類，並依它們發展的次第作了安排：「譬如從牛出乳，從乳出酪，從酪出生酥，從生酥出熟酥，從熟酥出醍醐。」佛說的經也是如此，「從佛出十二部經，從十二部經出修多羅，從修多羅出方等，從方等出般若，從般若出涅槃」。⋯⋯由於有這些說法，佛學家遂產生了佛經的全體應有一個組織的看法。儘管佛經的種類眾多，但應有其內在的體系，理當得到相應的次第安排。這樣，自然而然地出現了所謂「判教」的說法。(《中國佛學思想概論》，頁 129)

可見，判教的產生，原是相應於經教的統會而導出的必然反應。南朝時期，由於典籍的大量翻譯，再加以道生等人頓漸之爭的刺激，使學者們深切體會到面對繁多的經教時，確實有作一層序定位的必要。而在當時，第一個投入具體判教工作的，便是與謝靈運一起改訂《涅槃經》的慧觀。〔註5〕

　　據《大明三藏法數》載，慧觀曾將當時佛說經教總分為「頓教」、「漸教」兩大類。其中，「頓教」以華嚴為主，「漸教」則應用了《涅槃經》的論旨，依施化次第再細分五種順序，按《大明三藏法數》的記載是：

　　（一）有相教。謂如來於十二年前，廣制眾戒，皆是因果實有之法，小乘於此得道，是名有相教。

　　（二）無相教。謂如來說《四阿含經》後，即說般若空慧法門，空諸有相，小乘解空得道，是名無相教。

　　（三）抑揚教。謂如來說《淨若》《思益》等經，抑挫小果聲聞，褒揚大乘菩薩，是名抑揚教。

　　（四）同歸教。謂如來說般若之後，涅槃之前，說《法華經》以會三歸一，萬善悉向菩提，是名同歸教。

　　（五）常住教。謂如來說《涅槃經》，明一切眾生皆有佛性，一闡提輩皆得作佛。廣談佛性，勝演圓常，是名常住教。(嘉興六冊，頁668)

〔註5〕慧觀是否為第一位具體投入判教工作的學僧，迄今仍無定論。本文的論點，主要參考自呂澂之說。請參見《中國佛學思想概論》，頁130。

這裏面，「有相教」指的是小乘的阿含典籍，「無相教」則指般若系統的經典而言。至於「抑揚教」，則專指對大小乘分別高下的經教，重點在《淨名》、《思益》等經。而所謂「同歸教」，主要典籍則是提倡「會三歸一」的《法華》。最後的「常住教」，是「廣談佛性，勝演圓常」的最究竟經教，亦即《涅槃經》。這一系列的判教，不但說明了各種經教存在的理由，而且也使當時百花怒放、萬流競進的佛學思想，得以納入一個客觀的學術規制裏。姑且不談慧觀的判教是否具備嚴密的推論意義，它對後代的影響，絕對是無庸置疑的。慧觀以後，幾乎大部分的判教見解，都曾經以他的頓漸二教爲取捨從違的參考藍圖。以道生爲例，他在宋文帝元嘉九年，於盧山立所謂「四種法輪」說時，〔註 6〕可能就是暗取了慧觀的看法。呂澂在《中國佛學思想概論》即寫道：

> 慧觀這樣的判教，發生的影響很大，特別是在江南一帶，後來雖有
> 另外一些判教的說法，基本上都沒有超出它的範圍。道生晚年在盧
> 山改訂《法華經疏》時，也有與「漸教五時」相同的看法。他在經
> 注的開頭說，佛家所說之教，不出四種法輪，並有其次第，即「善
> 淨」、「方便」、「眞實」、「無餘」。與這個順序相應的，乃是阿含、般
> 若、法華、涅槃各經。他也把涅槃看成佛說的最高階級。(《中國佛
> 學思想概論》，頁 130）

可見慧觀的判教，對道生而言，是心有戚戚焉的。

而慧觀之所以能建立頓漸二教的判釋，最主要又與道生頓悟思想有關。由於十地頓悟的提出，大舉拔昇了華嚴和涅槃的地位，才使得慧觀的判教得到理論上的支持和依據。因此，我們可以說，道生雖未直接有力地開拓判教的規模，但其頓悟思想却鼓舞這個工作的進行，藍吉富在《中國佛教人物與制度》中，將道生與慧觀并論，推許二人「同爲後世教判的淵源」(《中國佛教人物與制度》，頁 55)，便是一個最適切的理解。

以上，本文分別從「佛學中國化」等五個層面，估定頓悟思想在中國學術發展中的歷史價值及應有地位。依此，可見出道生頓悟理念的客觀評價。底下，爲深一層發掘頓悟思想的可能義蘊，續由「現代意義」這一層面予以檢視。

〔註 6〕元嘉九年，也就是道生圓寂的前兩年。而所謂「四種法輪」之說，見於《法華疏》內，卍續一五〇冊，頁 800。

第二節　頓悟思想的現代意義

在這一節裏面，本文計劃從「基督教本土化問題」、「現階段台灣情形」以及「現代學術層面」等方向，分別落實頓悟思想的現代意義。首先，就先從「基督教本土化問題」開始。

一、對面臨本土化困境的基督教而言

西方的上帝或耶穌信仰，在中國已經有幾百年的傳播歷史，但始終無法真正本土化，原因之一即在他們無法承認人可以成神的看法。換句話說，在中國傳統裏向來被認為為天經地義的「人可以為堯舜」的論調，對於正統的基督教理論而言，可能就是一個嚴重的神學問題。

即以此一情形觀之，道生的頓悟思想，顯然便極具參考意義。事實上，依道生的時代背景來看，當時的佛教也正面臨了本土化的問題，著名的格義佛學，就是本土化運動的產物。而以道生言，他的頓悟思想，雖在本質上也具有印度佛學的教理基礎，但其表現出來的思考傾向，仍富於濃厚的本土化色彩，如他所說的「眾生大悟之分，皆成乎佛」一語，便顯與儒家成聖的基調密切呼應。錢穆推許道生是「用孔孟會通佛教」，便可顯見道生確實是佛教本土化運動中的佼佼者。

而道生頓悟思想成功地內接於傳統的實例，我們認為，至少有兩點對現代亟謀本土化的基督教，是有啟示意義的：

第一、強調自作主宰的精神。道生頓悟思想中的「成佛」，基本上是透過個體自我的奮鬥和努力才完成的。所謂地上菩薩的十住階次，並不是佛或上帝之力所促成，它完全是菩薩憑藉自己實修實證、點滴累積而得，甚至在最後「悟發信謝」的俄頃，也全係自發自顯。可見道生的「成佛」，重視的是自作主宰的「自力」精神，這一點和儒者「為仁由己」的聖賢工夫是相接通的。基督教的教理，如果也能斟酌此一範式，嘗試將人類生命的主宰權，由上帝之手轉移到人類身上，強化人類自己作主的信念，那麼，再度面對中國文化時，一定可以避免許多不必要的阻力和限制。

第二、將理想人格內化。佛或上帝，其實都是一種理想人格，用道生的觀點言，這種理想的人格，是可以經由空理而內證的；也就是說，「成佛」是一種可以內化的真實感受，它並不見得就是一種虛無飄渺的外在狀態。此一思路，與孔子「吾欲仁，斯仁至矣」的想法，是站在同一線上的。如果基督

教也能發展出上帝與人類內化爲一的觀念，並肯定人可以成爲上帝的事實，則不但可濟教理之窮，充盈其信仰的精神內涵，連本土化的危機和困境，也都可以漸次克服。

　　當然，造成基督教在中國施展不開的因素極爲複雜，它與中國傳統的不搭調，亦非僅在人神合一的觀點上。在這裏，當然不宜探討其複雜的原因。本文於此只想指出一點，任何一種外來的異質思想，如果要在中國生根，它與中國的傳統一定要建立起一定程度的密切連繫，尤其是在起步的階段，必須努力尋求一切會通的可能線索，從深厚的傳統資源中廣開接引之道，唯有如此，這個思想才能在中國弘揚起來；否則，任何一種外來思想，都很難得蓬勃發展。道生頓悟思想，對於今天面臨本土化困境的基督教，便顯有這層發人深思的意義。

　　而順此理路延伸，它對於現階段的臺灣，也一樣具有難以磨滅的價值。

二、對現階段遭遇轉型期變化的台灣而言

　　就現階段臺灣情形而言，步入已開發國家之林，已是相當清晰的目標。然而，就在我們堂皇進入新里程之際，却相對地付出轉型期的陣痛代價；其中，新舊文化的對立以及民主改革所衍生的脫序現象，是屬於影響層面比較嚴重的問題。尅此觀之，道生頓悟理念可以有下列意義：

　　第一、傳統與現代對立的消除。道生在融鑄佛學與中國傳統之時，基本上並不主張用對立的思考方式，因爲他認爲傳統的儒家智慧，依舊是消化新思想的最大資源。所以，傳統的儒家性善論對道生來說，不但不是一個沉重的累贅，而且還是吸收佛性論的基礎結構。〔註7〕他將孔孟的精髓注入印度佛學內，就是消弭新舊對立的一種做法，在他的心目中，中國的傳統文代，本身即爲一個極富高度應變彈性的有機體。這一觀念和目前臺灣部分銳意革新的人士，刻意將傳統型塑爲保守、不求進取、缺乏創造力的意識型態，是大不相同的。事實上，以道生的觀念言，中國的傳統文化之所以可貴，就在於它能不斷推陳出新、適應時代的挑戰。所以，基本上他並不主張因爲追求新思想，便抵制或漠視傳統，道生認爲：只有主動創造傳統並運用其新義，才是有效推動整個民族邁入新境的不二法門，他能從孔孟的基礎內延伸出頓悟成佛的義理，便是鮮明的示例。

〔註 7〕道生在大經未至之前，即能預見經義的必至之理。這一事實，如果不從神通或偶合的角度看，那麼，傳統儒家的性善論影響，應是最適當的解釋。

　　第二、漸進的改革。頓悟思想所強調的核心，固然是在十地無生法忍的頓悟，但道生也同時認爲「悟不自生，必藉信漸」，他更重視趨悟的歷程所需付出的心血和努力，如果抽離了這些心血與努力，那麼頓悟無疑是不可能存在的。這一基本精神，反映在當前的臺灣，是格外具於深義的。尤其解嚴以後，我們的領導和決策階層，正以一日千里的雷霆之勢，加速國家民主化的腳步，過去的許多禁令和限制，已經隨著社會的開放逐漸解除。這些由政治力量支持的開放措施，確實有效的提供給人民更多的自由空間，打破過去僵化而冷漠的封閉政策，爲眞正的民主眞諦創造有利的發展環境。然而，解嚴以來，我們國家的安全或社會的穩定，不但不能如預期的更加得到保障，反而經常飽受威脅，處處暴露著越軌與脫序。反省它的原因，最主要便是國人無法相應地建立民主的正確認識；尤其少數激進人士的濫用民主，他們的作爲與過激的言論，不要說對民主缺乏眞知卓見，可能連最基本的常識都不足。而這個實際教訓便是告訴我們，任何一種求新的改革，都不是一蹴可幾的，正如道生理想中的頓悟，也不是一步登天一般，它們的背後都必須支付出長期累進的努力。此種漸進的歷程，如果在我們決定重大政策時被拋落，而一直要等到政策施行後，發現百廢待舉、困難重重，那時再經營補救之道，恐怕都早已弊端叢生、緩不濟急了。因此，道生漸修頓悟的信念，是可以提供目前臺灣政策革新的有力參考。

　　此外，道生頓悟思想中的理念，對於現代學術而言，也相當有價值。底下，即試由此一角度推展。

三、在現代學術中的意義

　　關於道生頓悟思想，對於現代學術的意義，可以從底下三個部分來看：

　　第一、強調學術的創造性。如前面曾提及的，「無爲」本是清談家思維中所溝設出來的玄理境界，和龍樹畢竟空的空理本無掛搭。但道生却能靈活巧妙地將之做一創造性的運用，使「無爲」轉化成空理，變成解釋其「理不可分」義的輔佐工具。此一做法的本身，便代表了他的獨特創意。這對於目前從事於學術工作的知識份子而言，毋寧是有正面啓示意義。事實上，一個成功的學術研究，如要支撐久遠，表現其強大的持續力，就非從學術創造上努力不可，尤其處在知識日新月異的今天，學術工作者自身的創發能力，更是決定其研究是否成功的要素之一。道生的頓悟思想，之所以能透出時代的局限，而爲後人所垂青，除了他精彩的思想內容外，其不斷推陳出新的創意，

也是原因之一。

第二、強化堅守眞理的決心。由「闡提成佛」事件可知，道生是一個很能堅守自己學術理想的人。他在「當眾被擯」這種最孤獨無援的逆境中，依然能自我激勵、不捨眞理，這對於現代的學術而言，無異是樹立了一個典範。在目前，要做爲一個學術研究的工作者，其所扮演的角色，既是艱難也富於挑戰（尤其文史哲方面）；因爲，他一方面要在自已獨屬的研究領域上默默耕耘，開出新見地，另一方面又要隨時迎戰如狂颷驟雨般的社會流行價值。如此經常性的拉鋸戰，研究者若無一番堅強的自我肯定和對眞理的執著，他的學術生命是很難恒續下去的。而道生的典範，便在啓示我們：不管環境如何困難，只要能堅守自己的眞理信念，所有曾經付出的一切努力，永遠不會被埋沒。

第三、打通學術之間的隔閡。在論述道生頓悟理論基礎之時，本文推出的結論是：外表上乍看相悖的般若、佛性思想，在道生的心目中已做了同體的整合。也就是說：道生已經徹底地融會兩種思想爲一。這個事實反映在今天的學術界裏面，是格外具於意義的。以目前人文領域與科技學門各守門戶、彼此難以溝通的情況爲例，道生的理念，就相當富有參考價值。事實上，造成今天人文、科技互不相通的主因，並非溝通機會的匱乏，而是雙方閉關自守的意結沒有破除；更具體推究起來，則是由於懼怕「交流」的心理在作崇，因爲雙方都深恐自己資源不足，很難在對方的領域內建立尊嚴。所以，相緣於般若與佛性而發展成功的頓悟理念，在這裏，就很有鼓舞交流的意義。我們相信，雙方如能努力矯正自己過去錯誤的壁壘心態，嘗試逐漸擴伸涵外的視野，那麼，人文與科技的充分結合，並非不可能。一樣的道理，可以適用在各種形諸對立的領域內，它對於消解不同意識型態所引生的抗爭，自有一番正面的效益。

總結上述，本章的主要論點可歸納如下：

第一、道生頓悟思想不僅融會了印度傳入的佛學思想，而且更積極推動佛學中國化的進行。前者是對印度佛學的重新整合有貢獻，後者則爲佛教本土化的運動開闢光明的遠景。

第二、由於頓悟思想對於華嚴十地及涅槃佛性的獨特開發，使華嚴和涅槃兩者的思想地位大幅提升，成爲當時義學研究的中心。而此一學風的持續延伸，便是直接影響了慧觀的「判教」以及「華嚴宗」的設論立說。

第三、由於頓悟義中的「理不可分」、「漸學頓悟」等主張，充分預取了禪宗初期理論的基礎。所以，道生的頓悟思想堪稱禪宗之先聲。另外，頓悟義中所標榜的「理」，也直接成爲新儒家力倡的天理說或「理一分殊」說的可能淵源。

第四、道生頓悟思想成功地內接於傳統的實例，對於目前面臨中國化困境的基督教而言，可以提供兩方面的啓示：一是自作主宰精神的強調，一是理想人格的內化。而這兩種理念，都與中國傳統的精神息息相關。

第五、對於現階段的台灣而言，頓悟思想提示兩個重要的意義：一是傳統與現代對立的消除，一是政策革新的漸進化。

第六、道生的頓悟思想，就其強調學術的創造性、鼓勵堅守學術眞理以及溝通異質對立思想而言，都對現代學術的發展，深具啓迪意義。

據上述可知：道生頓悟思想確實可以融洽古今，而不爲其時代所局限。方東美稱讚道生是一個能夠「表現眞正的精神不死」的人（《中國大乘佛學》，頁 125），若從前面的敍述觀之，一點也不誇張。

第五章　結　論

　　道生所處的時代，正值晉末宋初，從當時的時代環境來看，政治情勢的踉蹌顛簸、門閥專權的壟斷以及黎民現實生計的困難，都很可能是促發道生重新省思真常佛性的問題，進而開出「頓悟成佛」說的重要誘因。另外，若由當時的學術背景觀之，儒學的衰微和玄學之代興，以及當時佛教格義思潮內部的蛻變，再加上道生源自其師友傳承的諸多思想，也都是型塑其頓悟思想的可能淵源。以上這些觀念，即本文在第一章內所處理的基本課題。

　　再者，從道生主張頓悟是「以不二之悟，符不分之理」的說法，以及其「頓悟成佛」說的主要架構來看，頓悟思想的理論基礎，實質上是定位在般若及佛性兩大體系之中。透過道生般若思想的絕待、言語道斷、二諦相即，以至於推入空理的辯證發展裏，我們可以檢視出頓悟思想所以立說的依據。而從其佛性思想本體義、工夫義的逐一剝解，則可以解釋並釐清道生何以發展出「頓悟成佛」的基本理路。其中，本體義的佛性思想，更甚至在佛學中國化的歷程上，扮演不容忽視的重要角色。上述的論點，即本文在第二章中所關心的主題。

　　至於本文第三章部分，主要的重點，則在於通過道生當時頓漸之爭的探討，與頓悟思想中的「理」、「悟」兩個層面的深化，以發掘道生頓悟思想的義理內容。在這一章裏面，本文儘量運用道生的著述資料和當時的相關文獻，做合理的歸納和過濾，儘可能還原出道生頓悟思想的本有面目。

　　其次，頓悟思想在中國學術發展中的歷史價值及應有地位，也是一個很值得重視的問題。本文第四章第一節部分，分別由「佛學中國化」、「禪宗理學的啓蒙」、「印度佛學的融會」、「華嚴涅槃地位的提昇」以及「判教活動的

進行」等五方面來強調，用意即在嘗試藉此估定出頓悟思想應有的客觀評價。至於第四章的第二節部分，則純粹只是一個試探性質的擴伸推演，主要目的在於凸顯道生頓悟義之理念精神在現代的適用性及可能具有的啓示或價值。

由於本文的系統，基本的重心即在還原道生頓悟思想的原貌，因此，章節的安排及主題的設計，亦主要依道生存世的著述及當時相關文獻爲發展的根據。對於後起的禪宗，雖然我們也深知其確有一套更爲精審詳密的頓悟說法，但限於本文系統上的考慮，僅以旁觀的方式處理之，不做大幅度的引介。此外，因爲受個人外語讀解能力之限，對於研究道生思想的外文著述，多半無法做深入的了解。這些都是本文的不足處，希望將來有機會，能做這方面的補充或修正。

道生頓悟思想，迄今學界仍無專篇的論文，本文之作，受資料及個人才學的限制，可能亦僅及門牆而未登堂入室。懇請諸方博雅君子，不吝指正，是所至盼。

本文實際參考及引用文獻

一、大藏經部分

（一）大正藏　中華佛教文化館大藏經委員會 46 年版。

1. 《大般涅槃經集解》，梁寶亮編，第七三冊。
2. 《二諦義》，胡吉藏撰，第八九冊。
3. 《三論遊意義》，碩法師撰，第八九冊。
4. 《大乘大義章》，慧遠撰，第八九冊。

（二）卍續藏　新文豐 65 年版

1. 《大乘四論玄義》，唐均正撰，第七四冊。
2. 《名僧傳抄》，梁寶唱撰，第一三四冊。
3. 《妙法蓮華經疏》，竺道生撰，第一五○冊。
4. 《肇論疏》，晉慧達撰，第一五○冊。

（三）卍正藏　新文豐 69 年版

1. 《阿毗曇心論》，僧伽提婆共慧遠譯，第四七冊。

（四）磧砂藏　新文豐 75 年版

1. 《金剛般若波羅蜜經》，姚秦鳩摩羅什譯，第五冊。
2. 《漸備一切智德經》，晉竺法護譯，第八冊。
3. 《十住經》，姚秦鳩摩羅什譯，第八冊。
4. 《大般涅槃經》（四十卷本），北涼曇無讖譯，第八冊。
5. 《大般泥洹經》（六卷本），晉法顯共覺賢譯，第八冊。
6. 《妙法蓮華經》，姚秦鳩摩羅什譯，第九冊。

7. 《維摩詰所說經》，姚秦鳩摩羅什譯，第九冊。

8. 《入楞伽經》，元魏菩提留支譯，第十冊。

9. 《首楞嚴三昧經》，姚秦鳩摩羅什譯，第十二冊。

10. 《大智度論》，姚秦鳩摩羅什譯，第十四冊。

11. 《大地經論》，元魏菩提留支譯，第十四冊。

12. 《中論》，姚秦鳩摩羅什譯，第十六冊。

13. 《十二門論》，姚秦鳩摩羅什譯，第十六冊。

14. 《百論》，姚秦鳩摩羅什譯，第十六冊。

15. 《十住毗婆沙論》，姚秦鳩摩羅什譯，第十六冊。

16. 《阿毗曇甘露味論》，曹魏時人譯（失譯者名），第廿六冊。

17. 《出三藏記集》，梁僧祐撰，第廿九冊。

18. 《歷代三寶記》，隋費長房撰，第廿九冊。

19. 《大唐內典錄》，唐道宣撰，第廿九冊。

20. 《高僧傳》，梁慧皎撰，第卅冊。

21. 《續高僧傳》，唐道宣撰，第卅冊。

22. 《弘明集》，梁僧祐撰，第卅一冊。

23. 《廣弘明集》，唐道宣撰，第卅一冊。

24. 《大般涅槃經》（卅六卷本），北涼曇無讖譯·慧嚴、慧觀及謝靈運再治，第卅五冊。

（五）嘉興藏　新文豐75年版

1. 《六祖大師法寶壇經》，元宗寶編，第一冊。

2. 《法華玄義釋籤》，唐湛然撰，第二冊。

3. 《金光明經玄義》，隋智顗撰，第三冊。

4. 《法界次第初門》，隋智顗撰，第四冊。

5. 《大明三藏法數》，明一如等編，第六冊。

6. 《維摩詰所說經註》，後秦僧肇等撰，第八冊。

7. 《華嚴經疏序演義鈔》，唐清涼（澄觀）撰，第八冊。

8. 《佛祖統記》，宋志磐撰，第十冊。

9. 《肇論》，後秦僧肇撰，第廿冊。

二、專書部分

1. 《禪與老莊》，吳怡著，三民59年版。

2. 《中國佛教史》，宇井伯壽著‧李世傑譯，協志 59 年版。

3. 《二十二史劄記》，趙翼著，樂天 60 年版。

4. 《禪佛教入門》，鈴木大拙著‧李世傑譯，協志 61 年版。

5. 《人生的解脫與佛教思想》，木村泰賢著‧巴壺天、李世傑合譯，協志 62 年版。

6. 《中國佛教史》，蔣維喬著，史學 63 年版。

7. 《文選》，梁蕭統編‧唐李善注，北一 63 年版。

8. 《天主教中國化之探討》，李善修著，光啟 65 年版。

9. 《世界諸宗教中的基督教》，湯恩比著‧陳明福、鄭志岳譯，協志 65 年版。

10. 《佛教中觀哲學》，梶山雄一著‧吳汝鈞譯，佛光 67 年版。

11. 《中國佛教史論集》（四），張曼濤編，現代佛教學術叢刊之十三，大乘文化 67 年版。

12. 《佛教人物史話》，張曼濤編，現代佛教學術叢刊之四九，大乘文化 67 年版。

13. 《部派佛教與阿毗達磨》，張曼濤編，現代佛教學術叢刊之九五，大乘文化 68 年版。

14. 《般若思想研究》，張曼濤編，現代佛教學術叢刊之四五，大乘文化 68 年版。

15. 《中國哲學資料書》，陳榮捷著，仰哲 68 年版。

16. 《魏晉南北朝佛教小史》，黃懺華等著，大乘文化 68 年版。

17. 《中國哲學史》第二卷，勞思光著，友聯 69 年版。

18. 《六朝太湖流域的發展》，黃淑梅著，聯鳴 71 年版。

19. 《中國佛學思想概論》，呂澂著，天華 71 年版。

20. 《才性與玄理》，牟宗三著，學生 72 年版。

21. 《袈裟裏的故事──高僧傳》，熊琬先生著，時報 72 年版。

22. 《中國哲學原論‧導論篇》，唐君毅著，學生 73 年版。

23. 《中國哲學原論‧原性篇》，唐君毅著，學生 73 年版。

24. 《中國哲學原論‧原道篇》卷三，唐君毅著，學生 73 年版。

25. 《竺道生思想之研究》，劉貴傑著，商務 73 年版。

26. 《中國大乘佛學》，方東美著，黎明 73 年版。

27. 《中國佛教人物與制度》，藍吉富編，現代佛學大系之廿五，彌勒 73 年版。

28. 《漢魏兩晉南北朝佛教史》，湯用彤著，鼎文 74 年版。

29. 《雙溪獨語》，錢穆著，學生 74 版。

30. 《國史新論》，錢穆著，東大 75 年版。

31. 《漢書》，漢班固撰，廿五史，鼎文 75 年版。

32. 《後漢書》，南朝宋范曄撰，廿五史，鼎文 75 年版。

33. 《晉書》，唐房玄齡等撰，廿五史，鼎文 75 年版。

34. 《南史》，唐李延壽撰，廿五史，鼎文 75 年版。

35. 《中國思想史》，韋政通著，水牛 75 年版。

36. 《中觀今論》，印順法師《妙雲集》，正聞 75 年版。

37. 《成佛之道》，印順法師《妙雲集》，正聞 75 年版。

38. 《我之宗教觀》，印順法師《妙雲集》，正聞 75 年版。

39. 《學佛三要》，印順法師《妙雲集》，正聞 75 年版。

40. 《佛在人間》，印順法師《妙雲集》，正聞 75 年版。

41. 《佛教史地考論》，印順法師《妙雲集》，正聞 75 年版。

42. 《竺道生》，陳沛然著，東大 77 年版。

43. 《宗教的教育價值》，陳迺臣先生著，文景 77 年版。

《大乘起信論》如來藏緣起思想之探討

尤惠貞　著

作者簡介

尤惠貞，（1953～）生於依山傍海的花蓮，特別喜歡悠遊於大自然中。從當上臺大的新鮮人到獲得東海的哲學博士，持續地浸淫於哲學義理與宗教實踐的人文關懷之中。深深地感動於星雲大師百萬人興學之宏願，所以選擇以南華大學為家。堅信十年樹木、百年樹人之志業，視教學即修證的道場。著作有《大乘起信論如來藏緣起思想之探討》、《天臺宗性具圓教之研究》與《天臺哲學與佛教實踐》等專書，以及〈天臺學之傳衍與開展──從智顗之圓頓教觀到湛然之性具圓教〉、〈天臺圓教的義理詮釋與觀點建立之省思〉、〈天臺哲學底「形上學」詮釋與省思──以智顗與牟宗三之「佛教」詮釋為主的考察〉、〈從天臺智者大師的圓頓止觀看病裡乾坤〉、〈天臺智顗「觀病患境」之現代詮釋──從身心之整體調適談起〉、〈天臺智顗的佛教哲學與生命實踐──實相哲學與圓頓止觀的交響〉、〈天臺止觀與生死學之關涉──從日常生活之身心調適談起〉等學術論文多篇。

提　　要

一、本論文之主旨：本論文之研究，主要在於探討《大乘起信論》所蘊含之如來藏緣起思想，所以論文的題目稱為「《大乘起信論》如來藏緣起思想之探討」，亦即藉著《大乘起信論》所呈現之教義，以了解如來藏緣起系統如何闡明一切法之存在根源的問題。

二、本論文之內容：本論文除第一章緒論與第五章結論外，共分為三章六節，主要內容為：

1. 首先第二章是探討《大乘起信論》如來義緣起思想之歷史淵源與理論背景，從真常唯心系諸經論之肯定如來藏自性清淨心為眾生成佛之超越根據，以及一切法之依止，我們可以追溯出《大乘起信論》如來藏緣起之思想淵源。而從地論師與攝論師之不同見解，以及唯識宗「轉識、成智」所面臨的問題，在理論上，很自然地必趨向如來藏真心系統，因為順著「萬法唯識」、「三界唯心」的思想發展，唯有肯定眾生本具如來藏自性清淨心，眾生之成佛才有必然性，也唯有如此才可說一切眾生皆可成佛。

2. 在第三章中主要是就《大乘起信論》本身之義理，探討其所構成之如來藏緣起思想，第一節主要在說明《大乘起信論》如何說明一切法之生滅變化，而第二節則側重於如何由生死流轉還滅為涅槃佛境。

3. 第四章則是對《大乘起信論》所蘊含之如來藏緣起系統作一檢討，以確定此一思想系統是否符合佛教之教義，且此一緣起系統在整個佛教教義的發展過程，究竟佔有什麼樣的地位與意義。

目次

第一章 緒 論

　　本論文之目的，主要在於探討《大乘起信論》所蘊涵之如來藏緣起思想，並藉此以了解如來藏緣起系統如何闡明一切法存在的根源問題。

　　一般談到佛教的緣起思想，可大致分為「業感緣起」、「阿賴耶緣起」、「如來藏緣起」、「法界緣起」以及「六大緣起」；而之所以有這許多差別的緣起系統，主要的原因，在於不同的學派對於宇宙萬法的生滅情形，有其不同的理論觀點，所以形成不同的思想體系。《大乘起信論》向來被視為說如來藏緣起的代表論典，因為它標舉「眾生心」為一切世間出世間法的依止；亦即肯定眾生本具如來藏自性清淨心，並以之說明一切法存在的根源問題。因此，本論文之探討方向，主要是透過《大乘起信論》之研究，希冀對如來藏緣起思想有一整體的概念與把握。

　　關於一切眾生皆有如來藏佛性，皆可成佛之肯定，實是根源於南北朝時，《大般涅槃經》以及印度後期諸真常大乘經典之傳入，《大般涅槃經》明言：

　　　　我者即是如來藏義，一切眾生悉有佛性，即是我義。〔註1〕

由此如來藏佛性之肯認，大乘佛法方有一佛乘究竟之說。而《大乘起信論》即是宗此諸大乘經論所造成，目的即在顯示大乘法門，使眾生起正確信仰，並由此悟入一佛乘之境。所以《大乘起信論》有云：「為欲令眾生，除疑捨邪執，起大乘正信，佛種不斷故。」〔註2〕因此，我們在探討《大乘起信論》之

〔註1〕 北涼‧曇無讖譯，《大般涅槃經》卷七，〈如來性品〉第四之四，《大正藏》十二，頁407中。台北：中華佛教文化館影印，民國45年。

〔註2〕 馬鳴菩薩造，梁‧真諦譯，《大乘起信論》，《大正藏》卅二，頁575中。台北：

如來藏緣起思想之前，必需對其思想淵源及理論背景做一交代，此即是本論文第二章所探討之問題。在第一節中，先就「眞常唯心論」〔註3〕之諸經論所蘊含之如來藏思想，說明起信論如來藏緣起之思想淵源與發展過程。第二節則是就南背朝時，地論師、攝論師之不同見解，以及唯識宗「轉識成智」的問題，逼顯出起信論如來藏緣起思想必然要出現之理論背景。

　　瞭解《大乘起信論》如來藏緣起之思想淵源及理論背景後，我們即正式進入《大乘起信論》之內容以探討《大乘起信論》如何構成如來藏緣起系統，亦即探討《大乘起信論》如何對一切法作根源的說明。故于第三章中，我們主要是依據《大乘起信論》之「立義分」與「解釋分」〔註4〕來探討一切法之生死流轉與涅槃還滅。我們可從兩方面加以探討：先從「心眞如門」與「心生滅門」來探討一切法之存在情形，其次則是由「眞妄相薰」來探討一切法的生死流轉與涅槃還滅。

　　由第三章之說明，我們對《大乘起信論》之如來藏緣起系統可以有一整體的概念。然此緣起系統是否完備？是否符合佛說「緣起性空」之原則？又此如來藏緣起系統對於一切法之說明是否圓滿究極？針對這些問題，我們需對《大乘起信論》之如來藏緣起系統作一檢討。所以在第四章中，我們分兩方面加以檢討：第一節主要是就《大乘起信論》所說之眞如義作檢討，而第二節則是就《大乘起信論》所構成之如來藏緣起系統作整體的檢討。順以上章節所論述，最後收攝爲第五章之結論。

　　以上所述即是本論文進行的方式與次第。依此，我們即正式進入本論文所探討之問題與範圍。

　　　中華佛教文化館影印，民國 46 年。

〔註 3〕 印順法師在其《印度之佛教》一書中，依大乘學派義理之差別，分判爲三系，即是「性空唯名論」、「虛妄唯識論」以及「眞常唯心論」。參看《印度之佛教》，印順自刊本，合江法王學院，民國 31 年。

〔註 4〕 《大乘起信論》整個思想體系是由五個部分組織而成，即：因緣分、立義分、解釋分、修行信心分與勸修利益分。其中以「立義分」與「解釋分」爲《大乘起信論》之義理核心，所以我們即依此二分之內容來探討《大乘起信論》所蘊涵之如來藏緣起思想。

第二章　如來藏緣起思想形成之淵源及其發展過程

　　華嚴宗賢首法藏在《大乘起信論義記》中將《大乘起信論》判屬為「如來藏緣起宗」，其文云：

> 第二隨教辨宗者，現今東流一切經論，通大小乘，宗途有四。一隨相法執宗，即小乘諸部是也，二眞空無相宗，即般若等經、中觀等論所說是也。三唯識法相宗，即解深密等經、瑜伽等論所說是也。四如來藏緣起宗，即楞伽、密嚴等經、起信、寶性等論所說是也。〔註1〕

並且認爲如來藏緣起宗乃是「理事融通無礙說」，〔註2〕因爲此宗「許如來藏隨緣成阿賴耶識，此則理徹於事也。亦許依他緣起無性同如，此則事徹於理也。」〔註3〕

　　由賢首法藏之分判，我們知道《大乘起信論》可說是如來藏緣起思想之代表論典，此論傳爲馬鳴菩薩造，梁眞諦譯。然此論之眞僞，向來是研究佛學者諍議之論題，〔註4〕以其屬於《大乘起信論》之外延問題，〔註5〕在此不

〔註1〕唐、法藏撰，《大乘起信論義記》。卷上，《大正藏》四十四，頁243中。台北：中華佛教文化館影印。民國46年。

〔註2〕同上書。

〔註3〕同上書。

〔註4〕關於《大乘起信論》之眞僞問題，可參看《大乘起信論眞僞辯》。此書原由建康書局印行，現已編入大乘文化出版社的《現代佛教學術叢刊》35，書名爲《大乘起信論與楞嚴經考辨》。亦可參考張心澂著，《僞書通考》，頁1090～1100，以及頁1140～1142。台北：明倫出版社，民國60年。

〔註5〕參看〈大乘起信論的外延問題〉一文，藍吉富先生（筆名四依）撰，刊載於

擬深入探討。本論文所側重的乃是從義理方面探討《大乘起信論》所蘊涵的
如來藏緣起思想。《大乘起信論》之如來藏緣起思想可以說是相應於「眾生成
佛的根據」以及「一切法存在的根源問題」而產生。在《大乘起信論》之前，
已有許多大乘經論探討這些問題；如所謂的「虛妄唯識論」〔註6〕與「真常唯
心論」〔註7〕的諸經論，對這些問題皆有詳細的說明。所以在探討《大乘起信
論》之如來藏緣起思想的過程中，我們首先要追溯有關如來藏緣起思想的歷
史淵源及此思想必然要出現的理論背景。以下就讓我們先瞭解一下有關如來
藏緣起思想產生的歷史淵源，然後再探討此思想必然要出現的理由何在。

第一節　如來藏緣起思想形成之歷史淵源

　　《大乘起信論》開宗明義即標舉眾生心為大乘法體，亦即主張人人本具
如來藏自性清淨心，不待外求；我們只要自信己心本來清淨，與佛無別，並
如實修行，當下即能由生死此岸渡至涅槃彼岸。此種思想追根究底實是順承
「真常唯心論」諸經論的思想而來，並更具體地提出一超越的真心作為眾生
成佛的超越根據以及一切法的存在根據。以下，讓我們先順著真常唯心諸經
論來探討眾生可能成佛的超越根據。

一、如來藏自性清淨心之肯定

　　綜觀有關如來藏思想的諸經論中，最早提出「如來藏」一詞者，可說是
《大方等如來藏經》。經云：

　　　　如是善男子，我以佛眼觀一切眾生貪欲恚痴諸煩惱中，有如來智如
　　　　來眼如來身，結加趺坐儼然不動；善男子，一切眾生，雖在諸趣煩
　　　　惱身中，有如來藏常無染污德相備足，如我無異。又善男子，譬如
　　　　天眼之人觀未敷花，見諸花內有如來身結加趺坐，除去萎花便得顯
　　　　現。如是善男子，佛見眾生如來藏已，欲令開敷為說經法，除滅煩
　　　　惱顯現佛性。善男子，諸佛法爾，若佛出世若不出世，一切眾生如
　　　　來之藏常住不變。但彼眾生煩惱覆故，如來出世廣為說法，除滅塵

　　　　《覺世》，雜誌版第一期，高雄：佛光山。
〔註6〕參看緒論附註3。
〔註7〕同上。

勞淨一切智。善男子，若有菩薩信樂此法，專心修學便得解脫，成
等正覺，普為世間施作佛事。〔註8〕

由此段經文，我們可以得知佛說《大方等如來藏經》之根本意趣，在於明示
一切眾生本具如來藏，「常無染污，德相備足，與佛無異」。而且不論佛出世
或不出世，眾生之如來藏性是常恒不變的，此即明白肯定眾生所具備之如來
藏的超越性、永恒性。《大方等如來藏經》以九種譬喻善巧方便地說明一切
眾生悉有如來之藏，只是為客塵煩惱〔註9〕所隱覆而不得顯現；若能去除這
些煩惱染污，如來藏清淨佛性自能顯現。這種肯定「一切眾生皆有如來藏」
的思想，對於眾生的修習佛法，了脫生死是非常重要的，因為肯定一切眾生
本具如來藏佛性，即是肯定一切眾生的修習佛法，證得佛果有必然性。所以
我們可以說《大方等如來藏》經揭示「一切眾生皆有如來藏佛性」的思想，
是有關如來藏思想並具體地表現出來的最早經典。田養民先生在其《大乘起
信論如來藏緣起之研究》一文中曾提到：「……《大方等如來藏經》思想是
如來藏緣起系統經典中最古的產物，將此種單純的如來藏思想予以繼承、發
展，並且提高到教理的組織，是留給繼之而來的《不增不減經》、《勝鬘經》、
《無上依經》以及《楞伽》……等諸大乘經典的問題。」〔註10〕

很顯然地，《大方等如來藏經》之肯定一切眾生皆有如來藏佛性，即是以
如來藏為眾生成佛之超越根據；因為此如來藏是眾生本具，非由後天修學始
得。此種思想在《央掘魔羅經》中更具體地表現出來。《央掘魔羅經》有云：

爾時文殊師利語央掘魔羅言，如來藏者有何義？若一切眾生悉有如
來藏者，一切眾生皆當作佛，一切眾生皆當殺盜邪淫妄語飲酒等不
善業跡，何以故？一切眾生悉有佛性，當一時得度。〔註11〕

〔註 8〕　東晉、佛陀跋陀羅譯，《大方等如來藏經》，《大正藏》一六，頁 457 中、下。
　　　　台北：中華佛教文化館影印，民國 45 年。
〔註 9〕　所以稱煩惱為「客塵」，因為煩惱非清淨自性所固有，只是迷於如理，故稱
　　　　為客；且此煩惱染污淨心，有如塵垢，故稱為塵。依據《維摩詰經・問疾
　　　　品》有云：「菩薩斷除客塵煩惱」，鳩摩羅什解釋為：「心性本淨，無有塵垢；
　　　　塵垢事會而生，於心為客塵也」；而僧肇則解釋為：「心遇外緣，煩惱恒起，
　　　　故名為客塵」。所以相對於眾生之清淨自性，一切的煩惱都稱為客塵煩惱。
〔註 10〕　田養民著，楊白衣譯，《大乘信論論如來藏緣起之研究》，頁 125。台北：地平
　　　　綫出版社印行，民國 67 年中文初版。
〔註 11〕　宋、求那跋陀羅譯，《央掘摩羅經》，卷第四，《大正藏》二，頁 539 上。台北：

此很明白地指出佛之所以說一切眾生悉有如來藏、悉有佛性，其根本意趣在於告示眾生：一切眾生皆當作佛。也就是指出眾生所以能度脫生死、成就佛果的關鍵在於眾生本具如來藏佛性。只要體悟本性清淨，當下即能證得佛道。故《央掘魔羅經》更之：

> 復次，文殊師利，如知山有金故鑿山求金而不鑿樹，以無金故。如是文殊師利，眾生知有如來藏故，精勤持戒，淨修梵行，言我必當得成佛道。〔註12〕

因此，我們知道「佛性」或「如來藏」觀念之提出，主要在於說明「成佛所以可能之問題」。而不論說「如來藏」或者「佛性」，均是就佛果而追溯眾生成佛之因，亦即從眾生位點出清淨的因性，這也就是大乘佛法的菩薩道。《央掘魔羅經》曾謂：

> 我說道者說何等道？道有二種，謂聲聞道及菩薩道。彼聲聞道者，謂八聖道。菩薩道者，謂一切眾生皆有如來藏。〔註13〕

此乃因大乘菩薩之悲願宏大，不僅自度，且要度他；必以一切眾生得度為究竟，若有一眾生不能得度，則不入涅槃。故諸佛菩薩以其慈悲心懷，開示一切眾生本性清淨與佛無二，只是無始以來為客塵煩惱所隱覆，如來之藏為無明妄染所纏縛，遂流轉生死苦海，無有終日。此即是《佛性論》中所謂的隱覆為藏，《佛性論》云：

> 如來性住道前時，為煩惱隱覆，眾生不見故名為藏。〔註14〕

依此如來藏之隱覆義遂演變出「如來藏自性清淨心為主，虛妄熏習是客」的思想型態。《大般涅槃經》、《勝鬘經》、《楞伽經》以及《究竟一乘寶性論》之說如來藏佛性皆順此型態而言。例如《大般涅槃經》卷七〈如來性品〉第四之四有云：

> 佛言：善男子！我者即是如來藏義。一切眾生悉有佛性，即是我義。

中華佛教文化館影印，民國 44 年。

〔註12〕 同上書，頁 540 上。

〔註13〕 同上書，頁 539 下。

〔註14〕 天親菩薩造，真諦譯，《佛性論》。《大正藏》卅一，頁 796 上。台北：中華佛教文化館影印，民國 46 年。

如是我義，從本以來，常爲無量煩惱所覆，是故眾生不能得見。善男子！如貧女人，舍內多有眞金之藏。家人大小無有知者。時有異人，善知方便，語貧女人：我今雇汝，汝可爲我耘除草穢。女即答言：我不能也。汝若能示我子金藏，然後乃當速爲汝作。是人復言：我知方便，能示汝子。女人答言：我家大小尚自不知，況汝能知？是人復言：我今審能。女人答言：我亦欲見，並可示我。是人即于其家掘出眞金之藏。女人見已，心生歡喜，生奇特想，宗仰是人。

善男子！眾生佛性亦復如是，一切眾生不能得見，如彼寶藏，貧女不知。善男子！我今普示一切眾生，所有佛性爲諸煩惱之所覆蔽，如彼貧女人有眞金藏，不能得見。如來今日普示眾生諸覺寶藏，所謂佛性；而諸眾生見是事已，心生歡喜，歸仰如來。善方便者即是如來，貧女人者即是一切無量眾生，眞金藏者即是佛性也。〔註15〕

以眞金藏等譬喻來說明眾生皆有佛性，即表明眾生皆爲一潛在的佛。就其無始以來即爲無量煩惱所隱蔽而不得彰顯本具之佛性而言，則名之爲「如來藏」；依此義以言如來藏之「藏」，則爲「潛藏」之義，好比眞金藏於草穢之中，隱而不顯。

又《楞伽經》卷二〈一切佛語心品〉之二有云：

世尊修多羅說如來藏自性清淨，轉三十二相入于一切眾生心中，如大價寶、垢衣所纏，如來之藏常住不變，亦復如是，而陰界入垢衣所纏，貪欲恚痴不實妄想塵勞所污，一切諸佛之所演說。〔註16〕

《勝鬘經》亦謂：

世尊，過於恒沙不離不脫不思議佛法成就，說如來法身。世尊！如是如來法身，不離煩惱藏，名如來藏。〔註17〕

而《寶性論》更依《如來藏經》及《勝鬘經》廣說如來藏爲煩惱纏縛之義，

〔註15〕北涼曇無讖譯，《大般涅槃經》，卷七，〈如來性品〉第四之四，《大正藏》十二，頁407中。台北：中華佛教文化館影印，民國45年。

〔註16〕宋、求那跋陀羅譯，《楞伽阿跋多羅寶經》，卷第二，〈一切佛語心品〉之二，《大正藏》十六，頁489上、中。台北：中華佛教文化館影印，民國45年。

〔註17〕宋、求那跋陀羅譯，《勝鬘師子吼一乘大方便方廣經》，〈法身章〉第八，《大正藏》十二，頁212下。台北：中華佛教文化館影印，民國45年。

論云：

> 又復略說此如來藏。修多羅中明一切眾生界，從無始世界來客塵煩
> 惱染心。從無始世界來淨妙法身如來藏不相捨離，是故經言，依自
> 虛妄染心眾生染、依自性清淨心眾生淨。〔註18〕

以上所引經論，均明示如來藏自性清淨心才是眾生本來具備者；一切煩惱所
纏不清淨法是外來的不相應法，故說為客塵。此種思想在《不增不減經》中
有更詳細而具體的說明，經云：

> 舍利弗當知，如來藏本際相應及清淨法者，此法如實，不虛妄不離
> 不脫，智慧清淨真如法界不思議法。無始本際來，有此清淨相應法
> 體。舍利弗，我依此清淨真如法界，為眾生故說為不可思議法自性
> 清淨心。

又云：

> 舍利弗當知，如來藏本際不相應體，及煩惱纏不清淨法者，此本際
> 來離脫不相應煩惱所纏不清淨法，唯有如來菩提智之所能斷，舍利
> 弗，我依此煩惱所纏不相應不思議法界，為眾生故說為客塵煩惱所
> 染，自性清淨心不可思議法。〔註19〕

換言之，眾生本具之自性清淨心是無始以來與真如法界相應的，所以眾生能
依此清淨法體證入如來法身不可思議境界，故《不增不減經》云：

> 眾生界者即是如來藏，如來藏者即是法身。〔註20〕

此種思想發展至《大乘起信論》，則更將如來藏佛性提煉成不生不滅、常住
不變之「眾生心」（即心真如、真如心）。依《大乘起信論》所言，此眾生心乃
是「一切凡夫、聲聞、緣覺、菩薩、諸佛無有增減，非前際生、非後際滅，畢
竟常恒；從本已來，自性滿足一切功德，所謂自體有大智慧光明義故、偏照法
界義故、真實識知義故、自性清淨心義故、常樂我淨義故、清涼不變自在義故，
具足如是過於恒沙，不離不斷不異不思議佛法，乃至滿足，無有所少義故，名

〔註18〕後魏、勒那摩提譯，《究竟一乘寶性論》，卷第四，〈無量煩惱所纏品〉第六，
　　　　《大正藏》卅一，頁 837 中。台北：中華佛教文化館影印，民國 46 年。
〔註19〕元魏、菩提流支譯，《佛說不增不減經》，《大正藏》十六，頁 467 中、下。
〔註20〕同上書，頁 467 上。

為如來藏，亦名如來法身。」〔註21〕因此，《大乘起信論》強調此不生不滅之眾生心，具有「體、相、用」三大義，所謂「體大」，指「一切法真如平等不增減」〔註22〕，「相大」則指「如來藏具足無量稱性功德」〔註23〕，至於「用大」則指此真心「能生一切世間出世間善因果」〔註24〕所以此超越的眾生心是「一乘究竟」〔註25〕法門的根據，因為一切諸佛皆依此眾生心，方能由生死此岸度至涅槃彼岸，故論云：「一切諸佛本所乘故」，而一切菩薩也要依此眾生心才能修行悟入如來地。此即明顯地表示：「眾生心」是一凡聖互通之心，是眾生所以能成佛之超越的根據，因為它是眾生先天本具的，而非從後天經驗中獲得。此眾生心，本來清淨，然因無始無明之障蔽，故起惑造業而流轉生死苦道；不過雖流轉生死苦道，而其本性畢竟清淨無染，故最終仍得以化染還淨，證悟寂滅涅槃。故《大乘起信論》云：「是心從本已來自性清淨，而有無明，為無明所染有其染心，雖有染心；而常恒不變。」〔註26〕此種思想顯然是受《勝鬘經》之「不染而染」所影響。《勝鬘經》云：「有二法難可了知！謂自性清淨心難可了知，彼心為煩惱所染亦難了知。」依《大乘起信論》所謂染心乃是由無明不覺而起現，並非真心真的轉為染污，故心真如仍然是染而不染。

　　所以順著以上所謂的「如來藏自性清淨心為主，虛妄熏習是客」的系統，我們可以看出如來藏思想的主要意趣，在於肯定現實雜染的眾生皆本具如來藏自性清淨心。這種強調心性本淨的思想，在部派佛教中的大眾部分別說系已經出現。《成唯識論》卷二有云：

　　　分別論者雖作是說：心性本淨，客塵煩惱所染故，名為雜染，離煩
　　　惱時，轉成無漏，故無漏法非無因生。〔註27〕

此即明顯表示分別論者視眾生心性本來清淨，是無漏法之因；而雜染煩惱無

〔註21〕馬鳴菩薩造，梁、真諦譯，《大乘起信論》，《大正藏》卅二，頁579上。台北：中華佛教文化館影印，民國46年。

〔註22〕同上書，頁575下。

〔註23〕同上書。

〔註24〕同上書。

〔註25〕「一乘」指唯一佛乘，此指一切眾生悉有佛性，平等無別，故皆得由佛性而成佛。如天台、華嚴等宗皆主張此種一乘究竟之說。

〔註26〕《大乘起信論》，《大正藏》卅二，頁577下。

〔註27〕參考印順著，《唯識學探源》，頁198。原文出自護法等菩薩造，唐玄奘譯，《成唯識論》卷第二，《大正藏》卅一，頁8下。台北：中華佛教文化館影印，民國46年。

有實性，只是客塵。無論是大眾分別論的心性本淨，或眞常大乘的如來藏思想，皆強調此清淨自性本身有一淨化自己的力量，如《大乘起信論》所強調的眞如熏習，即表示：

> （眞如）自體相熏習者，從無始世來，具無漏法，備有不思議業，作境界之性。依此二義，恒常熏習。以有力故，能令眾生厭生死苦、樂求涅槃。自信己身有眞如法，發心修行。〔註28〕

如來藏自性清淨心既是眾生所本具，同時有積極淨化自身的力量，故眾生的成佛有必然性。所以《大乘起信論》順著如來藏思想的發展必然要肯定一超越的眞心，作爲眾生成佛之超越根據，使一切眾生皆得以證悟佛果，趣入寂滅涅槃之境。

二、如來藏自性清淨心爲生死流轉與涅槃還滅之依止

以上我們就成佛如何可能的問題，探討了《大乘起信論》肯定一超越眞心爲成佛根據的思想淵源，以下我們想就一切法之存在根源，探究《大乘起信論》如來藏緣起思想形成之歷史淵源。

談到一切法之存在根源的問題，首先我們需要說明所謂「一切法」，依照《大智度論》所說乃是包括「善法不善法，記法無記法，世間法出世間法，有漏法無漏法，有爲法無爲法，共法不共法。」〔註29〕而《楞伽經》中佛亦曾開示大慧菩薩：「一切法者，謂善不善，無記，有爲無爲，世間出世間，有罪無罪，有漏無漏，受不受。」〔註30〕因此我們可以說一切法實即包含了生死流轉的有漏法，以及涅槃還滅的無漏法。所以探討一切法之存在根源的問題，實即是探討生死流轉與涅槃還滅的依止問題。這也就是《楞伽經》中大慧菩薩曾問佛有關生滅法的一個問題，經云：

> 爾時大慧菩薩復言，世尊！惟願世尊，更爲我說陰界入生滅。彼無有我，誰生誰滅？愚夫者依於生滅，不覺苦盡，不識涅槃。〔註31〕

〔註28〕 參考《大正藏》卅二，頁 578 中。
〔註29〕 《大智度論》卷四十四，《大正藏》廿五，頁 381 上。
〔註30〕 《楞伽阿跋多羅寶經》卷第四，〈一切佛語心品〉之四。《大正藏》十六，頁512 中。
〔註31〕 同上書，頁 510 上、中。

關於生滅法之依止問題，依照《勝鬘經》的說法，乃是以常住不變的如來藏，爲生死流轉與涅槃還滅之依止。《勝鬘經》云：

> 世尊！生死者，依如來藏；以如來藏故，說本際不可知。世尊！有如來藏故說生死，是名善說。世尊！生死生死者，諸受根沒，次第不受根起，是名生死。世尊！生死者，此二法是如來藏。世間言說故有死有生：死者諸根壞，生者新諸根起。非如來藏有生有死，如來藏離有爲相，如來藏常住不變。是故如來藏是依、是持、是建立。世尊！不離不斷不脫不異不思議佛法。世尊，斷脫異外有爲法依持建立者，是如來藏。世尊！若無如來藏者，不得厭苦、樂求涅槃。何以故？於此六識及心法智，此心法刹那不住，不種眾苦，不復厭苦樂求涅槃。世尊！如來藏者，無前際，不起不滅法，種諸苦，得厭苦樂、求涅槃。〔註32〕

而傳爲堅慧所造之《究竟一乘寶性論》即依據《勝鬘經》之說法，來說明《阿毘達摩大乘經》之偈，此偈乃是《攝大乘論》引用來證成阿賴耶識是一切法之依止者。而《寶性論》則順著《勝鬘經》之如來藏思想，以如來藏作爲一切法之依止。《究竟一乘寶性論》云：

> 經中偈言：
> 無始世來性　作諸法依止
> 依性有諸道　及證涅槃果
>
> 此偈明何義？
>
> 無始世界性者，如經說言諸佛如來依如來藏說諸眾生無始本際不可得知故。所言性者，如聖者《勝鬘經》言，世尊，如來說如來藏者是法界藏、出世間法身藏、出世間上上藏、自性清淨法身藏、自性清淨如來藏故。
>
> 作諸法依止者，如聖者《勝鬘經》言，世尊，是故如來藏是依是持是建立。世尊，不離不離智不斷不脫，不異無爲，不思議佛法，世尊亦有斷脫異外離智有爲法，亦依亦持亦住持亦建立，依如來藏故。

〔註32〕《勝鬘師子吼一乘大方便方廣經》，〈自性清淨章〉第十三。《大正藏》十二，頁 222 中。

依性有諸道者，如聖者《勝鬘經》言。世尊，生死者依如來藏，世尊，有如來藏故，說生死是名善說故。

及證涅槃果者，依如來藏故證涅槃，世尊，若無如來藏者，不得厭苦、樂求涅槃，不欲涅槃不願涅槃故。〔註33〕

由以上所引之論文，我們可以看出《究竟一乘寶性論》說明一切法之依止問題，完全是依循《勝鬘經》之思想，以如來藏作爲生死流轉法以及涅槃還滅法之依止。

至《楞伽經》則進一步以「如來藏藏識」作爲一切法之依止。楞伽經之所以提出藏識（即阿賴耶識）乃是要對雜染有漏法有所安立。因爲在《勝鬘經》中，對於「如來藏自性本來清淨，何以又爲客塵煩惱所染污」的問題未作詳細的說明，只是表示「自性清淨心而有染者，難可了知」；〔註34〕同時《楞伽經》「如來藏藏識」並提之思想，對於《大乘起信論》真妄和合的心識說（即依不生不滅的如來藏與生滅心和合而成阿黎耶識）有深大的影響，所以在此有必要徵引《楞伽經》之說「如來藏藏識」以作爲我們探討《大乘起信論》之真妄和合識的依憑。此引述乃依據宋、求那跋陀羅之譯本，《楞伽經》卷四有云：

佛告大慧，如來之藏是善不善因，能遍興造一切趣生。譬如伎兒，變現諸趣，離我我所。不覺彼故，三緣和合，方便而生。外道不覺，計著「作者」。

爲無始虛僞惡習所熏，名爲藏識。生無明住地，與七識俱。如海浪身，常生不斷。離無常過，離于我論；自性無垢，畢竟清淨。

其餘諸識有生有滅。意、意識等，念念有七。因不實妄想，取諸境界，種種形處；計著名相，不覺自心所現色相；不覺苦樂，不至解脫。名相諸纏，貪生生貪。若因、若攀緣，彼諸受根滅，次第不生餘自心妄想，不知苦樂，入滅受想正受，第四禪，善真諦解脫，修行者作解脫想。不離不轉名如來藏藏識，七識流轉不滅。所以者何？彼因攀緣，諸識生故。非聲聞緣覺修行境界。不覺無我，自共相攝受，生陰界入。

〔註33〕《究竟一乘寶性論》卷第四，〈無量煩惱所纏品〉第六。《大正藏》卅一，頁839上、中。

〔註34〕《勝鬘師子吼一乘大方便方廣經》，〈自性清淨章〉第十三，《大正藏》十二，頁222中。

見如來藏、五法、自性，人法無我，則滅。地次第相續轉進，餘外道見，不能傾動。是名住菩薩不動地。得十三昧道門樂；三昧覺所持，觀察不思議佛法、自願；不受三昧門樂及實際，向自覺聖趣；不共一切聲聞緣覺及諸外道所修行道，得十賢聖種性道及身智意生，離三昧行。是故大慧！菩薩摩訶薩欲求勝進者，當淨如來藏及識藏名。大慧！若無識藏名如來藏者，則無生滅。大慧！然諸凡聖悉有生滅。修行者自覺聖趣，現法樂住，不捨方便。大慧！此如來藏識藏，一切聲聞緣覺心想所見，雖自性清淨，客塵所覆故，猶見不淨，非諸如來。大慧！如來者，現前境界，猶如掌中視阿摩勒果。

大慧！我于此義，以神力建立，令勝鬘夫人及利智滿足諸菩薩等，宣揚演說如來藏及識藏名，七識俱生，聲聞計著見人法無我。故勝鬘夫人承佛威神，說如來境界，非聲聞緣覺及外道境界。如來藏識藏，唯佛及餘利智依義菩薩智慧境界。是故汝及餘菩薩摩訶薩，於如來藏識藏，當勤修學，莫但聞覺作知足想。

爾時世尊欲重宣此義，而說偈言：
甚深如來藏，而與七識俱，二種攝受生，智者則遠離。
如鏡像現心，無始習所熏，如實觀察者，諸事悉無事。
如愚見指月，觀指不觀月，計著名字者，不見我真實。
心為工伎兒，意如和伎者，五識為伴侶，妄想觀伎眾。〔註35〕

此種思想在《大乘密嚴經》中亦一再強調，在〈阿賴耶即密嚴品第八〉中有云：

所有雜染法，及與清淨法，恒於生死中，皆因賴耶轉。
此因勝無比，證實者宣示，非與於能作，自在等相似。
世尊說此識，為除諸習氣，了達於清淨，賴耶不可得。
賴耶若可得，清淨非是常，如來清淨藏，亦名無垢智。
常住無終始，離四句言說，佛說如來藏，以為阿賴耶。
惡慧不能知，藏即賴耶識，如來清淨藏，世間阿賴耶。
如金與指環，展轉無差別，……

〔註35〕《楞伽阿跋多羅寶經卷》第四，〈一切佛語心品〉之四。《大正藏》十六，頁510中、下。

　　賴耶即密嚴，妙體本清淨，無心亦無覺，光潔如真金。

　　不可得分別，性與分別離，體實是圓成，瑜伽者當見。

　　意識緣於境，但縛於凡夫，聖見悉清淨，猶如阿燄等。〔註36〕

以上由《勝鬘經》之肯定如來藏自性清淨心過渡至《楞伽》、《密嚴》等經之說如來藏與藏識或阿賴耶識，主要在於說明生死流轉之依止。印順法師在《以佛法研究佛法》中曾明白表示此種思想的發展：

　　如說到如來藏為生死依，則如來藏便與阿賴耶發生了關係，因為說明生死間的一切，要從阿賴耶說起。這在《勝鬘經》中，雖還未明顯地表露出來，但到了《楞伽》、《密嚴》、《起信論》等經論中，如來藏與阿賴耶識的連繫，確已明顯地說出了。〔註37〕

順著此種思想，《大乘起信論》不但以眾生心（即如來藏自性清淨心）統攝一切世間出世間法，更將不生不滅的如來藏自性清淨心與生滅心的和合稱為阿黎耶識，並由此阿黎耶識說明一切法之生死流轉與涅槃還滅。如《大乘起信論》所云：「心生滅者，依如來藏故有生滅心，所謂不生不滅與生滅和合，非一非異，各為阿黎耶識。此識有二種義，能攝一切法，生一切法。云何為二？一者覺義，二者不覺義。」〔註38〕

　　因為阿黎耶識具有覺與不覺之雙重性，所以順著阿黎耶識之不覺性，則變現一切虛妄境界而成生滅流轉，此即「心生滅門」；若順著阿黎耶識之覺性，則對翻雜染而生起一切無漏功德法，證入涅槃寂滅，此即是「心真如門」。所以順著《勝鬘經》、《楞伽經》以及《密嚴經》之說明一切法之生死流轉與涅槃還滅，至《大乘起信論》則自然形成了「一心開二門」的如來藏緣起思想。

第二節　如來藏緣起思想形成之理論背景

　　以上，我們已就真常唯心系之諸經論，說明《大乘起信論》之如來藏緣起思想的歷史淵源，而此種以《大乘起信論》為代表，主張「真心為主、虛妄熏習是客」的緣起系統，實亦有其必然要產生的理論背景。談到其理論背

〔註36〕唐、不空譯，《大乘密嚴經》，卷下，〈阿賴耶即密嚴品〉第八，《大正藏》十六，頁776上、中。台北：中華佛教文化館影印，民國45年。
〔註37〕印順著，《以佛法研究佛法》，頁352，台北：慧日講堂，民國61年重版。
〔註38〕《大乘起信論》，《大正藏》卅二，頁576中。

景，則必須依佛教內部教義之發展過程加以探討，我們試圖就兩方面來探討：
一是順著南北朝以降，地論師與攝論師對於阿黎耶識之不同見解，來說明《大
乘起信論》所以形成「真妄和合識」的理論背景；其次則是順著唯識宗阿賴
耶緣起系統中「無漏種」的問題，以彰顯《大乘起信論》肯定唯一真心（如
來藏自性清淨心）為成佛的超越根據之必要性。以下我們即先從地論、攝論
二師之爭來探討如來藏緣起思想之理論背景。

一、由地論師與攝論師之爭說明《大乘起信論》如來藏緣起思想 之理論背景

　　《大乘起信論》之義理根據乃是以「眾生心」為大乘法之法體，故《大
乘起信論》開宗明義即謂：

> 所言法者，謂眾生心，是心則攝一切世間出世間法。〔註39〕

而此眾生心，實即是具有體、相、用三大義之如來藏自性清淨心，如論所云：

> 所言義者，則有三種。云何為三？一者體大，謂一切法真如平等不
> 增減故；二者相大，謂如來藏具足無量性功德故；三者用大，能生
> 一切世間出世間善因果故。〔註40〕

至於一切法之生死流轉與涅槃還滅，依《大乘起信論》則是由「一心開二門」
的理論來建立；亦即是從「心生滅門」說明一切法之生死流轉，依「心真如
門」說明一切法之涅槃還滅。不過雖由一心開出二門，其實此二門是不相捨
離的，因為一切法皆由一心統攝，皆依止於如來藏自性清淨心之故；心生滅
與心真如只是一心之兩種趣向，而非實有二心。所以《大乘起信論》在說到
一切染法之生因——阿黎耶識時，即強調此阿黎耶識是不生不滅（如來藏自
性清淨心）與生滅（無明）的和合，是真妄依持，非一非異的；並由此真妄
和合的心識開發出一切法之生死流轉與涅槃還滅。綜觀《大乘起信論》之思
想，自是以「如來藏自性清淨心為主，虛妄熏習為客」的體系；而此種思想，
與早期將唯識思想傳入中國之地論師與攝論師之思想，有著密切的關係，也
有其進一步發展之處。因此，本文嚐試由地論師與攝論師對於阿黎耶識的不

〔註39〕同上書，頁 575 下。
〔註40〕同上書。

同解釋，來凸顯出《大乘起信論》所以主張「眞妄和合識」之理論背景。

印度唯識思想大約在南北朝時開始傳入中國，而在先後傳譯的過程中，由於對一切流轉還滅法的依止，有不同之解說，遂有地論師與攝論師之爭。

地論即《十地經論》，是天親菩薩依《華嚴經·十地品》所作之論述，屬早年之作品，非特定講華嚴宗思想，亦尙未蘊含成熟而有系統之阿賴耶唯識思想。後魏時，菩提流支與勒那摩提等法師，將《十地經論》傳譯入中土，同時也引入了一些唯識思想，故稱其爲地論師。由於對阿賴耶識之染淨有不同之解說，遂有相州南、北道之分。天台宗智顗于《法華玄義》卷九上有云：「如地論有南北二道」，而荊溪湛然于《法華玄義釋籤》卷十八有云：

> 陳梁以前，弘地論師者，二處不同，相州北道，計阿賴耶以爲依持，相州南道，計於眞如以爲依持，此二論師俱稟天親，而所計各異，同於水火。〔註41〕

詳細言之，相州南道派以勒那摩提爲主，慧光繼之，主張第七阿黎耶識爲自性清淨心，全屬於眞，並以此眞如法性爲一切法之依止，故稱其爲「計於眞如以爲依持」。而相州北道派則以菩提流支爲主，道寵繼之，認爲自性清淨心不守自性則顯爲虛妄迷染之阿黎耶識，菩提流支與隋淨影寺慧遠法師，在說明阿黎耶識時，皆主張阿黎耶識具有眞妄二義；如慧遠在《大乘義章》論「八識義十門分別」中曾云：

> 阿黎耶識，此方正翻名爲無沒，雖在生死，不失沒故，隨義傍翻，名別有八：一名藏識，如來之藏爲此識故，是以經〔註42〕言，如來之藏名爲藏識；以此識中涵含法界恒沙佛法故名爲藏，〔註43〕又爲空義所覆藏故，亦名爲藏；二名聖識，出生大聖之所用故；三名第一義識，以殊勝故，故《楞伽經》說之以爲第一義心；四名淨識，亦名無垢識，體不染故，故經〔註44〕說爲自性清淨心；五名眞識，體非妄故；六名眞如識，論〔註45〕自釋言，心之體無所破故，名之爲眞，無所立故，說以爲如；七名家識，亦名宅識，是虛妄法所依

〔註41〕《大正藏》三十三，頁 942 下。
〔註42〕指《楞伽經》卷四所言。
〔註43〕此說法出自《勝鬘經》。
〔註44〕此經乃是指《勝鬘經》。
〔註45〕指《大乘起信論》。

故；八名本識，與虛妄心爲根本故。〔註46〕

由此阿黎耶識之八名，可以看出慧遠所說之阿黎耶識實具眞妄二義而偏於眞；所以他在說明十二因緣義時亦強調：

> 十二因緣所起，眞妄所集；唯眞不生，單妄不成，眞妄相依故，有因緣集起之義。據妄攝眞，皆妄心作；就眞攝妄，皆眞心作。隨心粗細，分齊有三：一事相因緣，二妄想因緣，三眞實因緣。……言眞實者，即前妄想因緣之體，窮其本性，唯是眞識緣起所集，眞妄畢竟無妄可得，即是眞實因緣之理。故地經〔註47〕云：十二因緣皆一心作，皆心作者，謂眞心作。……〔註48〕

依此，可知北道派之地論師雖認爲阿黎耶識有眞妄二義，然仍以自性清淨心作爲一切法之存在根據。所以，南北兩道地論師「義理系統之模式」是相同的：同是肯定有一超越的眞常心，作爲一切法之依止。而所爭論者，只是南道派主張阿黎耶全屬於眞，而北道派則認爲阿黎耶有虛妄義，不全屬眞如法性。其實，依《十地經論》本身義理觀之，雖明說自性清淨心與阿黎耶識，然對於二者之關係並未作詳細之論述與分疏，故不可定說阿黎耶識是眞是妄。因此南北兩道地論師之爭，實是外於地論之思想分歧，而所爭論的亦只是阿黎耶識是否爲眞淨，而不在有無自性清淨心。

　　順著南北道地論師之爭，我們可以看出北道地論師之主張阿黎耶識有眞妄二義，與《大乘起信論》所說之阿黎耶眞妄和合識意義相近；而《大乘起信論》之肯定如來藏自性清淨心爲一切法之依止，亦與南道派之思想相合。所以，由此南北道地論師之爭，或正是促使《大乘起信論》必然主張眞妄和合識之重要因素。

　　至於攝論師，則是指眞諦三藏繼地論師之後，來華傳譯無著之《攝大乘論》，故稱其爲攝論師。眞諦之譯《攝大乘論》以及世親所作之《攝大乘論釋》，實是順承《勝鬘經》等，以如來藏自性清淨心爲主的眞心系統解釋，故有別於玄奘所傳之正宗唯識思想。因爲依奘傳唯識學，阿賴耶識爲虛妄雜染，有能藏、所

〔註46〕隋、慧遠法師撰，《大乘義章》，卷第三末，《大正藏》四十四，頁524下，台北：中華佛教文化館影印，民國46年。

〔註47〕指《十地經》第八，《十地經》即是《華嚴經》之十地品。

〔註48〕《大乘義章》卷第四、「十二因緣義八門分別」，《大正藏》四十四，頁551上。

藏、我愛執藏三義，是生死流轉法之依止。無著之《攝大乘論》在解釋「所知依」時，原是以有漏雜染的阿賴耶識或阿陀那識，來解釋《阿毘達摩大乘經》偈中「無始時來界」〔註49〕的「界」字，亦即以阿賴耶識為一切生死流轉之依止，並由此有涅槃證得。而真諦之譯，則以「解性賴耶」作為一切生死流轉與涅槃還滅法之依止。如其譯世親之解釋「此界無始時」〔註50〕之「界」字，即明言「此阿黎耶識界以解為性」，〔註51〕同時解釋此「界」有五種義時更謂：

一、體類義，一切眾生不出此體類。由此體類，眾生不異。

二、因義，一切聖人法四念處等緣此界生故。

三、生義，一切聖人所得法身，由信樂此界法門故，得成就。

四、真實義，在世間不破，出世間亦不盡。

五、藏義，若應此法自性善故，成內若外。此法雖復相應，則成殼故。

約此界，佛世尊說：「比丘！眾生初際不可了達，無明為蓋，貪愛所縛。或流或接，有時泥黎耶（地獄），有時畜生，有時鬼道，有時阿修羅，有時人道，有時天道。比丘！汝等如此長時受苦，增益貪愛，恒受血滴。」由此證故，知「無始時」。如經言：「世尊！此識界是依是持是處，恒相應及不相離不捨智無為恒伽沙等數識佛功德。世尊！非相應、相離、捨智有為諸法是依是持是處。」故言「一切法依止」。如經言：「世尊！若如來藏有，于苦無厭惡，于涅槃無欲樂願。」故言「及有得涅槃」。〔註52〕

由此可明顯的看出真諦乃是順著《勝鬘經》之「如來藏自性清淨心」來說明此界無始時之「界」字，他認為阿黎耶具有果報黎耶、染污黎耶與解性黎耶三義，〔註53〕前二者可說是生死流轉法之因，而解性黎耶則是涅槃還滅之依止，故真諦譯《攝大乘論》世親釋時曾謂：

〔註49〕此依玄奘所譯，全偈之譯文為：「無始時來界，一切法等依，由此有諸趣，及涅槃證得。」

〔註50〕此為真諦之譯，全偈之譯文為：「此界無始時，一切法依止，若有諸道有，及有得涅槃。」

〔註51〕參看牟宗三先生著，《佛性與般若》，上冊，頁292，台北：台灣學生書局，民國66年。世親釋，梁、真諦譯，《攝大乘論釋》。《大正藏》卅一，台北：中華佛教文化館影印，民國45年。

〔註52〕同上。

〔註53〕印順法師講述，《大乘起信論講記》，頁68，台北：慧日講堂，民國55年二版。

> ……如世間離欲人，于本識中，不靜地煩惱及業種子滅，靜地功德善根熏習圓滿，轉下界依，成上界依。出世轉依亦爾。由本識功能漸減，聞熏習等次第漸增，捨凡夫依，作聖人依。聖人依者，聞熏習與解性和合。以此爲依，一切聖道皆依此生。〔註54〕

此解性賴耶，眞諦稱之爲「第九阿摩羅淨識」，並以此阿摩羅識作爲聖道之根本。其所譯之《決定藏論》卷上〈心地品〉，即明白表示此種思想，論云：

> 阿羅耶識對治故，證阿摩羅識。阿羅耶識是無常，是有漏法；阿摩羅識是常，是無漏法。得眞如境道故，證阿摩羅識。阿羅耶識爲粗惡苦果之所追逐，阿摩羅識無有一切粗惡苦果。阿羅耶識而是一切煩惱根本，不爲聖道而作根本。阿摩羅識亦復不爲煩惱根本，但爲聖道得道得作根本。〔註55〕

依上文所述，可知眞諦所說之第九阿摩羅識，實即是如來藏自性清心，爲客塵煩惱遮蔽，則轉成虛妄雜染的阿黎耶識。因此，攝論師所說的阿黎耶識亦具有眞妄二義，只是較偏重於有漏雜染的一面，因爲其于迷染的阿黎耶識之上更肯定一種無漏清淨的阿摩羅識，而此第九淨識實即是阿黎耶識之解覺性。此種思想與北道派地論師思想較相近，故《法華玄義釋籤》卷十八有云：

> 加復攝大乘興，亦計黎耶，以助北道。〔註56〕

其實，無論是南北道地論師或攝論師，均是肯定眾生有一超越的眞心，亦即以自性清淨心作爲一切法之存在根源。至於地、攝諸論師所爭論的只是阿黎耶識染淨的層次問題：南道派地論師以第七阿黎耶識即是自性清淨心，而北道派則以第七阿陀那識爲妄識，第八阿黎耶識則爲眞妄和合識，雖有迷染而性體恒眞；至若攝論師，則以第八阿黎耶識爲虛妄雜染，第九阿摩羅識方是清淨無染。

　　順此地論師與攝論師之爭，我們不難發現，《大乘起信論》之主張眞妄和合識的如來藏緣起思想，實有融通地論、攝論二師思想之趣向：《大乘起信論》所說之阿黎耶識既不偏於眞，如北道地論師之主張；亦不偏於妄，如攝論師之主張；而是眞妄和合，不一不異，如論云：

〔註54〕參看《攝大乘論釋》，《大正藏》三十一，頁175上。
〔註55〕參看《大正藏》三十，頁1020中。
〔註56〕《法華玄義釋籤》，《大正藏》卅三，942下。

> 心生滅者，依如來藏故有生滅心。所謂不生不滅與生滅和合，非一
> 非異，名爲阿黎耶識。〔註57〕

此即表示：眾生心爲客塵煩惱所纏縛，則現爲無明不覺的阿黎耶識，並由它而展轉起現一切生死流轉法，此屬心生滅門；反之，眾生心出纏，則阿黎耶識之本覺性自然朗現爲自性清淨心，當下即由心生滅門還滅爲心眞如門，而證入涅槃佛境。依此，我們可說《大乘起信論》「一心開二門」之思想，實具有調合地論、攝論二師思想之作用，且能進一步地將「如來藏自性清淨心」的眞心系統充極地呈現出來，也因此形成了華嚴宗賢首法藏所說之「不變隨緣、隨緣不變」的如來藏緣起思想。

二、相應于唯識宗「轉識成智」的問題以探討《大乘起信論》如來藏緣起思想之理論背景

在前一節中，我們在說明攝論師之思想時，曾提到奘傳唯識學，乃是以虛妄雜染的阿賴耶識作爲「無始時來」一切法所依止之「界」；依唯識宗之理論，實是以迷染的阿賴耶識爲一切生死流轉法之生因，故《攝大乘論》在安立阿賴耶之三相時，即謂：

> 此中安立阿賴耶識自相者，謂一切雜染品法，所有熏習爲彼生因，由能攝持種子相應。此中安立阿賴耶識因相者，謂即如是一切種子阿賴耶識，能一切時與彼雜染品類識法現前爲因。此中安立阿賴耶識果相者，謂即依彼雜染品法無始時來所有熏習，阿賴耶識相續而生。〔註58〕

至於無漏清淨法，依《攝大乘論》仍是以阿賴耶爲依止，論云：

> 如是已安立阿賴耶識異門及相，復云何知如是異門及如是相，決定唯在阿賴耶識非於轉識？由若遠離如是安立阿賴耶識，雜染清淨皆不得成：謂煩惱雜染，若業雜染，若生雜染皆不成故；世間清淨，出世清淨亦不成故。〔註59〕

〔註57〕 參看《大正藏》三十二，頁 576 中。
〔註58〕 參看《大正藏》三十一，頁 134。
〔註59〕 同上書，頁 135 中。

由此可知，唯識宗之緣起系統乃是以阿賴耶爲一切有漏無漏染淨法之依止。然而，唯識宗所說之阿賴耶既以迷染爲性，依此雜染的種子識，說明有漏雜染法之起現自然不成問題；可是在說明無漏清淨法的生起時，則比較麻煩，關於此困難，《攝大乘論》亦曾提及，論云：

> 復次，云何一切種子異熟果識爲雜染因，復爲出世能對治彼淨心種
> 子？又出世心昔未曾習，故彼熏習決定應無，既無熏習從何種生？
> 〔註60〕

此即明顯地表示：虛妄雜染的阿賴耶識只是有漏雜染法之生因，而不能作爲出世清淨法之生因。因此，唯識宗即進一步提出「轉識成智」的要求，亦即希冀于虛妄的阿賴耶識之外，契求一能爲清淨法作依止者。

一般而言，唯識宗所依之《攝大乘論》，乃是以「淨心種子」或「無漏種子」作爲出世清淨法之生因；依攝論，出世淨心種子是「從最清淨法界等流正聞熏習種子所生」，亦即聽聞由最清淨法界所流出之聖教言音，漸漸熏習，即可正聞熏習成淨心種子，而此正聞熏習所成之淨心種子仍是寄攝於阿賴耶識中；所以淨心種子的生因是由諸佛聖教相應地流出的正聞熏習種子，阿賴耶識只是其憑依因。至於《成唯識論》所說之「無漏種子」，除了「習所成種」以外，尚有「本性住種」，《成唯識論》卷九有云：

> 何謂大乘二種種姓？一本性住種姓，謂無始來依附本識，法爾所得
> 無漏法因：二習所成種姓，謂聞法界等流法已，聞所成等，熏習所
> 成。〔註61〕

此種說法，乃是根據《瑜伽師地論・本地分》而有，本地分之〈種姓品〉有云：

> 云何種姓？謂略有二種。一、本性住種姓。二、習所成種姓。本性
> 住種姓者，謂諸菩薩六處殊勝有如是相，從無始世展轉傳來，法爾
> 所得，是名本性住種姓。……〔註62〕

〔註60〕同上書，頁 136 中～下。
〔註61〕護法等造，唐・玄奘譯，《成唯識論》，卷九，《大正藏》卅一，頁 48 中，台
　　　　北：中華佛教文化館影印，民國 46 年。
〔註62〕《大正藏》三十，頁 478 下。

而《成唯識論》所說之「本性住種姓」實即是「法爾本有」的「無漏種子」，此無漏種之「本有」義，依此論說為：

> 有諸有情無始時來有無漏種，不由熏習法爾成就。後勝進位熏令增長，無漏法起以此為因，無漏起時復熏成種。〔註63〕

《成唯識論》雖說有「本有無漏種」，然此本有無漏種要起現行，仍需依正聞熏習方能成就，所以《成唯識論》在說明無漏種之本有義後，接著說：

> 然本有種亦由熏習，令其增典，方能得果。故說內種定有熏習。其聞熏習非唯有漏，聞正法時，亦熏本有無漏種子，令漸增盛，展轉乃至生出世心，故亦名聞熏習。〔註64〕

依此論義，即明白表示「本有無漏種」仍需依待正聞熏習方能起現行，得正果；而所以稱其為「法爾本有」，只是不知其始於何時而方便稱之。故《成唯識論》所說之「本有無漏種」仍是「有為無漏種」而非「無為無漏種」，〔註65〕亦即此「本有無漏種」仍屬經驗意義的本有，而非超越地即具的本有。因此唯識宗所說之無漏種，不論是本有或新熏，其直接來源皆是「正聞熏習」，依此「正聞熏習」才能轉染污的阿賴耶識為清淨的真如，並由此證悟佛果。

　　然而，唯識宗依「正聞熏習」以建立「轉識成智」的理論，必然出現幾點困難：

一、出世無漏種必依「最清淨法界等流之正聞熏習種子」方能生起，所以是後天經驗熏習而有，非一切眾生先天本具；此無漏種既非眾生先天本具（即超越地本具），而我們又不能保證一切眾生依「正聞熏習」就必然熏成無漏種，如此，眾生依之以成佛的根據則無必然存在之保證。

二、一切無漏清淨法必依出世無漏種之起現行方能生起，而無漏種之熏成又必先預設現實上已有佛，依此佛之聖教言音，眾生方能有正聞熏習的機會。然現實上何時得遇「現成佛」之聖教言音，純屬經驗中的偶爾，故無漏種之熏成亦屬偶然事件；而由此無漏種子所起現之無漏現行更是偶然中的偶然，毫無內在必然性可言，所以無漏清淨法之生起只是經驗偶然的有。因之，眾生之成佛並無普遍必然性，依《攝大乘

〔註63〕《成唯識論》卷二，《大正藏》卅一，頁9上。
〔註64〕同上書。
〔註65〕參看《佛性與般若》上冊，頁315。

論》所說，只有「大乘多聞熏習相續，已得逢事無量諸佛出現於世，已得一向決定勝解，已善積諸善根故，善備福德資糧菩薩」〔註66〕才能悟入所應知的唯識相而證悟佛果。此即明白表示，眾生之證悟成佛，完全視現實上是否有佛說法，並依之如理作意，漸漸熏習方得成就，因此遂有「三乘究竟」之成佛「種姓論」〔註67〕的差別。

三、此種成佛的理論實是他緣的，而非自緣的，因為無漏種既是種子，則亦需依因待緣，漸漸熏習，方能起現（此已如第二中所述），無漏種不能自動生起清淨法，所以依無漏種所建立之成佛理論自然不是自緣的。

四、依此他緣的成佛理論，必然產生無窮追溯的困難，因為每一「現成佛」之所以能成佛，必需預設有另一「現成佛」在其前面，如此展轉追溯，終無有盡期；除非我們預設有最初第一位「現成佛」之存在，此無窮追溯之過程才有可能終止，如此則又與無漏種必依正聞熏習之理論相矛盾。所以依唯識宗「正聞熏習」的理論，我們根本無法保證眾生必然得以成佛。

綜上所述，我們可以看出唯識宗之阿賴耶緣起實是以「妄心為主，正聞熏習為客」的系統，依此妄心系統，要轉識成智，證悟涅槃，有其內在的限制性，因為唯識宗所說之「無漏種」既非眾生超越地本具者，亦非自緣起現者，故依「無漏種」所建立之成佛理論自然有其不究竟處。而就佛教唯識學（廣義的，非特指奘傳唯識學）教義之發展，要消解此理論系統之困難，自然需趣向《大乘起信論》之真心系統。因為《大乘起信論》肯定一切眾生本具如來藏自性清淨心，與佛無異，此即是眾生得以成佛之超越根據；依《大乘起信論》，開宗明義即說：「所言義者，謂眾生心。是心則攝一切世間出世間法」，此即是以「眾生心」統攝一切法，作為一切染淨法之依止。《大乘起信論》又謂：「一切諸佛本所乘故，一切菩薩皆乘此法至如來地故」，此即明白指出眾生本具之如來藏自性清淨心乃是凡聖互通的超越真心，是一切眾生

〔註66〕參看《攝大乘論講記》，頁315。
〔註67〕依唯識家之理論，眾生依根機之不同，可分為五種種姓，即：定姓菩薩、定姓聲聞、定姓緣覺、不定種姓與無姓有情。其中唯有定姓菩薩與不定種姓中之菩薩、聲聞、緣覺得依其所含之種姓成就佛道。故唯識家主張「三乘（真實）究竟，一乘方便」之說，因為他們不承認一切眾生皆可成佛，成佛必依各自所有之種姓來決定，如一闡提無有清淨無漏種，即不得成就佛果。

成佛之所依。而且此眾生心，既是「心真如」又是「真如心」，是智如合一之心，所以具有內在的熏習力，能主動熏習虛妄染法，生出一切無漏功德法。故《大乘起信論》云：

> （真如）自體相熏習者，從無始世來，具無漏法，備有不思議業，作境界之性。依此二義，恒常熏習，以有力故，能令眾生厭生死苦，樂求涅槃。自信己身有真如法，發心修行。〔註68〕

因此，我們可以說《大乘起信論》所肯定之如來藏自性清淨心，不僅是眾生所本具，而且也是自緣的，以其具有主動生起無漏清淨法之能力。又此成佛所依之超越真心，乃是一切眾生普遍本具，非如唯識宗之成佛有種姓之差別，《大乘起信論》有云：

> 真如自體相者，一切凡夫、聲聞、菩薩、諸佛，無有增減，非前際生，非後際滅，畢竟常恒，從本已來，性自滿足一切功德。……〔註69〕

所以，依《大乘起信論》之真心系統，一切眾生既普遍本具如來藏自性清淨心，則依此本具之真如心如實修行，自能證悟佛果；此種成佛理論是「一乘究竟」，有別於唯識宗之「三乘究竟」，亦即一切眾生必然得以成佛，皆可證入一佛乘之境地。

　　上述，由唯識宗建立成佛的理論所遭遇的困難，以至《大乘起信論》對治此困難之消解之道，我們可以得知，《大乘起信論》之如來藏緣起思想，實是相應于唯識宗之「無漏種」的問題，必然要出現之思想體系。至此，我們已對《大乘起信論》如來藏緣起思想之理論背景有一具體之瞭解。其次，我們則要探討《大乘起信論》所蘊涵之如來藏緣起思想，此即進入第二章之討論範圍。

〔註68〕《大乘起信論》，《大正藏》卅二，頁 578 中。
〔註69〕同上書，頁 579 上。

第三章　《大乘起信論》之如來藏緣起思想

第一節　《大乘起信論》對一切法之說明

在上一章中，我們已指出《大乘起信論》之特色乃是標舉「眾生心為一切法的存在根源，我們則要進一步地探討：《大乘起信論》到底如何說明一切法的生死流轉與涅槃還滅？亦即正式探討《大乘起信論》如來藏緣起思想的實質內容。

一、「一心開二門」之總攝一切法

《大乘起信論》雖標舉眾生心攝一切世間出世間法，然一旦要說明如何攝持染淨一切法時，則需要由兩方面加以說明，這就是《大乘起信論》所謂的「一心開二門」。「一心」指眾生心，即是如來藏自性清淨心，是一切大乘法之法體。而由此一心法體更開出「二門」，以說明大乘法之正義——如來根本之義。所以稱為「門」者，取其出入無壅，開合自在之義。因為「如來藏心，隨緣建立，流出一切，如門之開，即生滅門也。泯絕萬法，融攝一切如門之合，即真如門也」。〔註1〕故《大乘起信論》云：

> 依一心法有二種門。云何為二？一者心真如門，二者心生滅門。是

<hr>

〔註 1〕　馬鳴菩薩造，梁、真諦譯，明、真界纂註，《大乘起信論纂註》，頁 12，台北：志蓮精舍，民國 61 年影印。

二種門皆各總攝一切法。此義云何？以是二門不相離故。〔註2〕

因此，我們所要了解的只是由一心所開出的二門，如何各總攝一切法？以下我們即順著「心眞如」與「心生滅」二門來分別說明。

《大乘起信論》所謂的心眞如乃是「一法界大總相法門體」，〔註3〕它是「不生不滅的心性」，是一切染淨法之法體。而且此眞如心乃是「從本已來自性清淨」，〔註4〕更是「一切凡夫、聲聞、緣覺、菩薩、諸佛，無有增減，非前際生，非後際滅，畢竟常恒，從本已來，自性滿足一切功德」；〔註5〕因爲此眞如心之自體具有「大智慧光明義」、「徧照法界義」、「眞實識知義」、「自性清淨義」、「常樂我淨義」以及「清涼不變自在義」。〔註6〕且此心眞如、眞如心，從本已來即具足無量無漏功德法，故名爲「如來藏」，亦稱爲「如來法身」。此心眞如既然具足一切無漏功德法，自然能攝持一切清淨法而爲清淨法之生因。也就是依止於清淨的眞如心，一切法才有涅槃還滅的可能。

其次，此眞如心既是自性清淨，那麼它又是如何攝持一切雜染法呢？它的攝持一切雜染法是否與攝持清淨法一樣？此眞如心與雜染法之關係，依《大乘起信論》說爲：

> 心眞如者，即是一法界大總相法門體，所謂心性不生不滅。一切諸法唯依妄念而有差別。若離心念，則無一切境界之相。〔註7〕

又在說明眞如心之如實空時，亦謂：

> 所言空者，從本已來，一切染法不相應故。謂離一切差別之相，以無虛妄心念故。當知眞如自性非有相，非無相，非非有相，非非無相，非有無俱相；非一相，非異相，非非一相，非非異相，非一異俱相。乃至總說，依一切眾生，以有妄心，念念分別，皆不相應，故說爲空，若離妄心，實無可空故。〔註8〕

〔註2〕馬鳴菩薩造，梁、眞諦譯，《大乘起信論》。《大正藏》卅二，頁 576 中，台北：中華佛教文化館影印民國 46 年。
〔註3〕同上書。
〔註4〕同上書，頁 577 下。
〔註5〕同上書，頁 579 上。
〔註6〕同上書。
〔註7〕同上書，頁 576 上。
〔註8〕同上書，頁 576 上、中。

由以上所引之論義，我們知道《大乘起信論》所說的心眞如與一切染法的關係，是從本已來就不相應的；此種思想可說是承襲了眞常唯心系諸經論的說法，如《不增不減經》即謂：

> 此本際來離脫不相應煩惱所纏不清淨法，唯有如來菩提智之所能斷。舍利弗，我依此煩惱所纏不相應不思議法界，爲眾生故說爲客塵煩惱所染，自性清淨心不可思議法。〔註9〕

而《勝鬘經》亦強調：

> 刹那善心，非煩惱所染；刹那不善心，亦非煩惱所染。煩惱不觸心，心不觸煩惱。〔註10〕

由上所述，一切染法既與眞如心從本已來即不相應，那麼清淨的眞如心自然不可能生出有漏雜染法；既然一切有漏雜染法不可能由心眞如生出，那麼爲何說心眞如總攝一切世間出世間法？又說「心眞如者，即是一法界大總相法門體」？

依照《大乘起信論》之說法，一切煩惱染法皆因無明不覺而起現，如論所謂「當知世間一切境界，皆依眾生無明妄心而得住持」、「一切諸法，唯依妄念而有差別」以及「當知無明能生一切染法，以一切染法皆是不覺相故」，此皆明顯表示一切染法的直接生因乃是無明不覺。不過一切染法的生因雖是無明不覺——即是阿黎耶識，阿黎耶識並無眞實自體，它必須依憑於心眞如方得以顯出其爲阿黎耶識，如論所云：

> 心生滅者，依如來藏，故有生滅心，所謂不生不滅與生滅和合，非一非異，名爲阿黎耶識。〔註11〕

所以由阿黎耶識所起現的染法，其實是間接地依憑於如來藏自性清淨心，因此我們可以說眞如心是一切染法的憑依因而非生因。既然無明不覺必須憑依於眞如心，而統屬于眞如心，那麼由無明不覺所起現的一切雜染法，自然也就攝屬于此眞如心；只是此攝屬關係是一種間接的關係，是因爲無明的插入

〔註 9〕　元魏、菩提流支譯，《佛說不增不減經》。《大正藏》十六，頁 467 下。
〔註10〕　《勝鬘師子吼一乘大方便方廣經》，〈自性清淨章〉第十三。《大正藏》十二，頁 222 中。
〔註11〕　參看《大正藏》三十二，頁 576 中。

才產生的攝屬關係。因此，經過如此的轉折過程，心真如可說是攝持了一切有漏雜染法。換言之，心真如不但是一切清淨功德法的生因，同時也是一切染污法的憑依因，所以能總攝一切法。〔註12〕

以上已說明心真如門總攝一切法之義。其次，讓我們看看心生滅如何總攝一切法？亦即心生滅門如何說明一切法的生死流轉與還滅。

依《大乘起信論》之義理觀之，心真如門之真心，其自性是不生不滅，離四句，絕百非，無有一切言說、名字與心緣等相，亦即名相妄想一切皆非，自性本來清淨，無有變異。那麼我們上文何以說心真如攝一切染淨法？其實當我們說明心真如攝一切染淨法時，必定要說到真妄和合的阿黎耶識與無始無明，也就是藉著無明憑依於心真如之攝屬關係，而方便說心真如總攝一切法。實則，依《大乘起信論》，一切法的流轉與還滅皆要依心生滅門方得以說明，而心生滅門又如何攝一切法、生一切法呢？

上文，我們已指出無明不覺不離覺性，亦即生滅心必依憑於不生不滅的如來藏自性清淨心，如此則形成了真妄和合的「阿黎耶識」。而此阿黎耶識也因此具有覺與不覺之雙重生：就其依憑於如來藏自性清淨心，且不相捨離而言，它本具超越的覺性；而順著忽然念起而有無始無明而言，則有其現實的不覺性。由於阿黎耶識具有如此的雙重性，所以《大乘起信論》謂此識能生一切法攝一切法，因為它一方面依憑於如來藏自性清淨心而具有超越的本覺性，此本覺性實是一切有漏雜染法得以涅槃還滅之根據，亦即是一切無漏功德法的生因；因此，阿黎耶識即透過其憑依於真如心之本覺性而攝持清淨功德法。此仍以如來藏自性淨心為一切清淨法之生因，阿黎耶識只是間接地攝持一切清淨功德法。另一方面，由於其現實生命的限制，忽然念起而有無明妄念，變現一切染法，所謂「無明不覺生三細，境界為緣長六粗」。〔註13〕一切的虛妄分別皆源自於眾生的一念不覺，故起心動念，分別境界而生惑業苦，輪迴生死。故論云：

> 當知無明能生一切染法，以一切染法皆是不覺相故。〔註14〕

又謂：

〔註12〕 參看《佛性與般若》，頁460～461。

〔註13〕 《大乘起信論》云：「依不覺故生三種細，與彼不覺相應不離。………以有境界緣故，復生六種相。」，故約而言之為「無明不覺生三細，境界為緣長六粗」。參看《大乘起信論》，《大正藏》卅二，頁577上。

〔註14〕 同上書。

> 云何熏習起染法不斷？所謂以依眞如法故，有於無明；以有無明染
> 法因故，即熏習眞如；以熏習眞如故，則有妄心。以有妄心，即熏
> 習無明；不了眞如法故，不覺念起現妄境界。以有妄境界染法緣故，
> 即熏習妄心，令其念著，造種種業，受於一切身心等苦。〔註15〕

因此，相應於阿黎耶識之不覺義，一切虛妄雜染法方能起現，所以說阿黎耶識生一切法。林傳芳先生即將阿黎耶識之攝一切法、生一切法解釋爲「宇宙開展的根源」，他說：

> 此不覺之義發展，由細轉粗，便現出迷界。此不覺脫離了無明，徹
> 證眞如本來的覺性，便現出悟界。因此，迷悟染淨之性，無一不具
> 於阿黎耶識中，阿黎耶識是宇宙開展的根源，諸法緣起的本體，故
> 云「能攝一切法，生一切法」。〔註16〕

綜上所述，心生滅門之阿黎耶識因其必需依憑於如來藏自性清淨心，所以也就間接地攝持無漏功德法；同時它又是無明染法之生因，故能直接地攝生一切有漏雜染法。如此，我們即可說心眞如與心生滅二門皆各總攝一切法。而由此二門之總攝一切法，我們可以大體地瞭解，《大乘起信論》如何建構以如來藏自性清淨心爲一切法存在之依止的如來藏緣起系統。

二、無明不覺生三細、境界爲緣長六粗

上文吾人論及阿黎耶識乃是不生不滅與生滅和合，亦即眞妄和合所成之心識；一方面本具超越的覺性，一方面又受現實的限制而有不覺，《大乘起信論》之所以特別強調阿黎耶識有覺與不覺二義「乃是爲了建立生死流轉與解脫還滅的所依。而眾生生死流轉的雜染因，即是不覺無明；解脫生死雜染而還滅的根本，即是般若、覺。」〔註17〕也就是「依不覺故說有生死雜染法，依覺故說有清淨還滅。有漏雜染與無漏清淨不一不異地統一在阿黎耶識中」，〔註18〕而《大乘起信論》之如來藏緣起思想即由此生死流轉與涅槃還滅而得以凸顯出來。今

〔註15〕同上書，頁 578 上。
〔註16〕林傳芳著，《佛學概論》，頁 139。彌勒出版社，台北新店：民國 68 年修訂再版。
〔註17〕印順法師講，演培、續明記，《大乘起信論講記》，頁 73，台北：慧日講堂，民國 55 年三版。
〔註18〕同上書，頁 75。

吾人即先就阿黎耶識之不覺義以說明一切流轉法，而後即此流轉法而還滅之，以顯出涅槃還滅之殊義。

《大乘起信論》謂：

> 所言不覺義者，謂不如實知真如法一故，不覺心起而有其念。念無自相，不離本覺。猶如迷人，依方故迷。若離于方，則無有迷。眾生亦爾，依覺故迷。若離覺性，則無不覺。以有不覺妄想心故，能知名義，為說真覺。若離不覺之心，則無真覺自相可說。復次依不覺故，生三種相，與彼不覺，相應不離，云何為三？一者無明業相，以依不覺故心動，說名為業。覺則不動，動則有苦，果不離因故。二者能見相，以依動故能見，不動則無見。三者境界相，以依能見故，境界妄現，離見則無境界。以有境界緣故，復生六種相，云何為六：一者智相，依於境界，心起分別，愛與不愛故。二者相續相，依於智故，生其苦樂，覺心起念，相應不斷故。三者執取相，依於相續，緣念境界，住持苦樂，心起著故。四者計名字相，依於妄執，分別假名言相故。五者起業相，依於名字，尋名取著、造種種業故。六者業繫苦相，以依業受報，不自在故，當知無明，能生一切染法，以一切染法，皆是不覺相故。〔註 19〕

《大乘起信論》的這一段文字可以說是總括地說明了一切雜染法的起現與流轉。約而言之，即是「無明不覺生三細，境界為緣長六粗」，〔註 20〕而粗細之分只是在說明雜染法的起現過程中，方便施設而已，實則所謂三細六粗，通是無明不覺，本無所謂粗細可分。雖依此無明不覺而說明一切雜染法的次第相生，但不能就因此視無明為第一因，因為一切境界相，實是一體平舖，同時呈現的；而之所以有次第相生的說明，只是使吾人較易瞭解流轉法之起現過程，同時也便於吾人在修行過程中作還滅的工夫。依《大乘起信論》，所謂「三細六粗」皆是依根本無明（即無始無明）而生起。如論所云：「依不覺故生三種相，與彼不覺相應不離。」〔註 21〕也就是著重於無明之起惑感果，此種說法，實與佛之說十二緣起〔註 22〕相合。原初佛陀為眾生說一切雜染流

〔註 19〕《大乘起信論》，《大正藏》卅二，頁 577 上。

〔註 20〕參看〔註 13〕。

〔註 21〕《大乘起信論》，《大正藏》卅二，頁 577 上。

〔註 22〕十二緣起舊譯作十二因緣。依佛教之根本教義，一切法之生起，皆是依因待緣

轉法時，主要即以十二緣起加以說明。順著無明緣行、行緣識、識緣名色、名色緣六入、六入緣觸、觸緣受、受緣愛、愛緣取、取緣有、有緣生，乃至生緣老死，乃是流轉地說明一切有漏雜染法；若由老死而反溯其因，如是次第追溯而至最初之一念無明，則是還滅地說明一切法。今《大乘起信論》所謂之三細六粗亦可相應於十二緣起之說，以下即分別說明三細六粗之相，同時亦說明其所相應於十二緣起之相。

　　一者無明業相：依《大乘起信論》，不能如實覺知眞如平私一法界，即是不覺。不覺即是無有明覺，所以論云：「以不達一法界故，心不相應，忽然念起，名爲無明。」〔註23〕不覺則心動起念而分別造業。所以稱此最初之一念不覺爲無明業相，此乃三細六粗之初端，是細中之最微細者，且由此而起念招苦，所以是迷惑之源，故亦稱根本無明。此最微細難知的心念，雖有心境而尚陷於渾然不明晰之情境中。此相當於十二緣起的「無明」與「行」。眾生一旦無明不覺，必然妄念紛起，既心動起念，則造作種種行業；有惑、業，自然就有所感受。故論云：「動則有若」，因爲「依因依緣的所有活動是無常性的；無常是不自在、不穩定的，所以是苦。」〔註24〕佛教向來即倡談因果報應，有因必感果，所以由無明不覺，心動造業之因，自必招感苦果，故論云：「果不離因故。」一切的煩惱苦果均由無明行業所招，此即《勝鬘經》所謂的：

> 是故無明住地積聚，生一切修道斷煩惱上煩惱，彼生心上煩惱，止上煩惱，觀上煩惱，禪上煩惱，正受上煩惱，方便上煩惱，智上煩惱，果上煩惱，得上煩惱，力上煩惱，無畏上煩惱。如是過恒沙等上煩惱，如來菩提智所斷，一切皆依無明住地之所建立。一切上煩惱起皆因無明住地，緣無明住地。世尊！於此起煩惱，刹那心刹那相應；世尊！心不相應無始無明住地。

而起，《阿含經》有云：「此有故彼有，此起故彼起；此無故彼無，此滅故彼滅」。而所謂十二緣起，即是以十二種法之互相作爲因緣，來說明一切法之生滅過程；所謂無明緣行、行緣識、識緣名色、名色緣六處、六處緣觸、觸緣受、受緣、愛緣取、取緣有、有緣生、生緣老生；順觀則成生死流轉，逆觀則爲涅槃還滅。且此十二種因緣蘊含三世兩種因果，即無明、行、識屬過去世之惑業；識名色乃至老死則爲現世之果報，同時爲未來受報之業因。由於「惑業互資，因緣支助，三世猶若環旋」，遂成無始無終之生死輪迴。參看普潤大師編，《翻譯名義集》釋十二支第四十五，頁 143～144。台北：建康書局，民國 45 年，。
〔註23〕《大乘起信論》，《大正藏》卅二，頁 577 下。
〔註24〕《大乘起信論講記》，頁 114。

世尊！若復過於恒沙如來菩提智所應斷法，一切皆是無明住地所持
所建立。譬如一切種子，皆依地生，建立，增長，若地壞者，彼亦
隨壞。如是過恒沙等如來菩提智所應斷法，一切皆依無明住地生，
建立，增長。若無明住地斷者，過恒沙等如來菩提智所應斷法，皆
亦隨斷。〔註25〕

此最初之相，即是一切虛妄心念的「生相」，所謂生相，依賢首法藏的《大乘
起信論義記》解釋為：「謂由無明不覺心動，雖有起滅，而相、見未分，以無
明力故，轉彼淨心，至此最微，名為生相。」〔註26〕亦即指「九相之端，細
中之細，無轉現心境差別」〔註27〕之相。

二者能見相：又稱轉相，即依前微細之無明業相轉成能見，「此見相乃由
內所發，非託境生，故名為轉依。此轉相帶起所緣，復立現相，非謂於此能
見之中，又自別有微細境世。」〔註28〕此所謂能見，乃是偏重於心識之能了
別的認識作用而言，非定指眼睛所見。因為由無明不覺則心有所動，既然心
動起念自然就會分別心境；若如如不動，自性清淨，自然無有能見所見之分
別。此亦反顯出能見必依心識起動，所以論云：「以依能動故能見，不動則無
見」。「此轉相雖有能緣，但以其心識情境過於微細難辨，故不說境界所以，
且說能見，以為轉相。」〔註29〕此即相當於十二緣起之「識」。〔註30〕

三者境界相：此又稱現相，亦即為主觀的心識所分別的客觀境界。心既動
念分別，自然就有所分別取著的虛妄境界現起。此即上文說明能見相時，所謂：
「此轉相帶起所緣」之所緣，與轉相之微細能緣相互對待起現，即「當下動，
當下見，當下即有境現，彼此展轉相依，不可分別前後」，〔註31〕所以《大乘
起信論》說：「離見則無境界」，亦即離了能見，則無種種境界相。此境界相相當
於十二緣起的「名色」與「六處」，所謂名色，「名是精神界，色是物質界，總

〔註25〕 《勝鬘師子吼一乘大方便方廣經》，〈一乘章〉第五，《大正藏》十二，頁220
中。

〔註26〕 唐、法藏撰，《大乘起信論義記》，卷中，《大正藏》第四十四，頁257中，台
北：中華佛教文化館影印，民國46年。

〔註27〕 參看「明倫社第十二期大專佛學講座」，講解「起信論生滅門」之講義，頁7。

〔註28〕 長水沙門子璿錄，《大乘起信論筆削記》，《大正藏》四十四，頁353下。

〔註29〕 參看明倫社講解「起信論生滅門」講義，頁8。

〔註30〕 依《翻譯名義集》謂：「所謂從行生心，投入母腹，流愛為種，納想在胎，分
別諸法，此名曰識。」也就是指過去世之惑業招受現世之胎的一念。

〔註31〕 《大乘起信論講記》，頁116。

即五蘊的境界相。」〔註32〕而六處則指六根。〔註33〕

以上所說之三相，極為微細難知，故稱三細相，依《大乘起信論》說明分別生滅相時謂：「分別生滅相者，有二種，云何為二：一者麤，與心相應故；二者細，與心不相應故。」此即說明三細相是與心不相應的，因為此三相雖由心動起念，分別了知，而有所謂之境界妄現，實際上三者所現起之相是極其微細，是無能所可辨的；也因為此三細根本無心境的對立，無心、心所之差別對待，故與根本不覺渾然如一。既渾然為一，自然無所謂與心相應了。又依上述之說明，此三者似乎有先後次第相生的關係，實際上是一念俱現，當下動，當下見，當下即有微細境現。

以下則依所現之虛妄境界而說明六種粗相，此即《楞伽經》所謂的「藏識海常往，境界風所動，種種諸識浪，騰躍而轉生」〔註34〕上文之三細相，無有根境分別，總名為一，即是妄識，而今所說之六粗相，則是心境明顯分別，能所對待，即所謂之分別事識，可分為六識，隨所分別之境而得名。此六粗相著重於有境界為緣而起種種分別，故論云：「以有境界緣故，復生六種相。」〔註35〕

一者智相：此「智」非般若空慧之智，而是對境「心起分別」之智，因為不能如實了知主觀心識所妄現的境界相為虛幻不實，而誤執為心外的實在境界，逐生分別之心，所以有愛、不愛之分別計度。此智相，相當於十二緣起中的「觸」；所謂觸乃指心境相涉時所起的心識活動，此心識活動包括認識作用與情意作用。而由分別智所分別之愛與不愛，在十二緣起中稱為可意、不可意觸；也就是說所分別的外境，適合自己情意的，即起可意作用而生愛，不合自己情意的，則起不可意作用而生不愛。此愛與不愛皆是心因境起的情意作用，然因其乃是妄執外境所起之虛妄分別，所以是障礙清淨真如之煩惱。也因其妄執外境，故是「俱生起的法執。」〔註36〕

二者相續相：此指依分別智，對境起心而生愛與不愛之分別，更由此愛、

〔註32〕同上書。也就是說，名是心法，色是眼耳鼻舌身，合為色受想行識之五蘊。
〔註33〕六根指眼、耳、鼻、舌、身、意之六種官能，依《大乘義章》四曰：「六根者對色名眼，乃至第六對法名意。此之六種能生六識，故名為根。」參看《大正藏》四十四，頁 555 中。
〔註34〕《大正藏》十六，頁 484 中。
〔註35〕《大乘起信論》，《大正藏》卅二，頁 577 上。
〔註36〕屬二法執之一。眾生從無始已來就固執心外有有為無為之實法，此種與生俱來之妄念即稱為俱生起的法執。

憎之分別，產生次第相續不斷之苦樂感受。依十二緣起說，此乃是由「觸緣受」；因為由情意作用所產生之感受，所以有苦樂之別乃源自有愛憎好惡之心。合於己意而愛好的，則生喜樂感受；不合己意而憎惡的則起痛苦感受。此種苦樂的感受是持續不斷的，且一有所感，隨即生起意念與虛妄心識相應，展轉生出種種虛妄境界與執著。此即所謂「起惑潤業，後四不斷」〔註37〕故論云：「覺心起念，相應不斷故。」〔註38〕此相續的苦樂感受可以說是由分別而起的法執。

以上智相，相續相以及三細中之能見相、境界相四種實即虛妄心念之「住相」。因為「無明與前生相和合，轉彼淨心乃至此位，行相猶細，法執堅強，故名為住相。」〔註39〕

三者執取相：依前相續相所起之苦樂感受，遂生愛著之心，也就是對於六識所緣的境界，妄想執取。依十二緣起說，即是「受緣愛」。此由受所緣之愛不但起愛憎之分別心，同時執著於苦樂的感受，希望永遠保持樂受而逃避苦受，如此即有愛著執取之心，故論云：「住持苦樂，心起著故。」〔註40〕眾生愈住持苦樂感受，執著亦隨之轉深，此即我執之所由生。因為此我執乃是對主觀感受之愛著執取，所以又稱為「俱生起的我執」。〔註41〕

四者計名字相：此指第六意識之尋名計實。依前執取相所生之虛妄執著，更進而執假為實，因為「意識的認識境界時，對各各不同的境界，起各各不同的名字相，以為這是什麼，那是什麼。不特於外境起名字相，內心所有的對象——概念，也是名字相。一般不了名假安立，於是就計執為實有這個、那個。」〔註42〕此相當於十二緣起的「取」。因為依於虛妄執著，不但對虛幻之名言假相起分別心，更進而執持，故生計取。佛經說取有四種，即指我語取、見取、欲取、戒禁取。所謂我語取，乃是指眾生不明白「我」是假名安立，卻依此假名，妄執有實在的自我；既執此假名為實在的我，遂生起見、欲、戒禁種種取著。

此計名字相分別人我，「計著名言，隨逆順緣，起貪瞋等相」，〔註43〕而

〔註37〕此「後四」即指六粗相之後四相，這些虛妄分別相皆由前無明業識之起動而招感惑業，故云「起惑潤業，後四不斷」。

〔註38〕《大乘起信論》，《大正藏》卅二，頁577上。

〔註39〕眾生愚癡無明，從本已來就固執五蘊假合的我為常一的實我，故起種種愛著煩惱，此稱為俱生起的我執，亦即指先天隨生具有之我執。

〔註40〕《大乘起信論》，《大正藏》卅二，頁577上。

〔註41〕《大乘起信論義記》卷中，《大正藏》四十四，頁257中。

〔註42〕《大乘起信論講記》，頁121。

〔註43〕《大乘起信論纂註》，頁23左。

前執取相「內執我，外執我所」，〔註44〕二者並屬虛妄心念之「異相」。所謂異相者，乃是指「我法差別，對待不忘」，〔註45〕亦即謂「此無明，迷前染淨違順之法，更起貪瞋人我見愛，執計名字，取著轉深，此在事識粗分之位；無明與前住相和合，轉彼淨心令至此位，行相稍粗，發動身口，令其造業，名爲異相。」〔註46〕

　　五者起業相：所謂起業相，顧名思義，即是造作生起種種業之謂；此乃是依前計名字相，執相計名，不知假名無實，更進而追求不捨，由是而造成種種善惡業。此等於十二緣起中之「有」，因爲有此迷惑妄執，遂造作種種業；既心動起業，即生業力，依此業力更引發身口，起善惡業，招苦樂報。此起業相即是虛妄心念之「滅相」，因爲此起業相乃是因「無明不了善惡二業定招苦樂二報，廣對諸緣造集諸業，依業受果」，〔註47〕既造業受報乃「滅前異心，令墮諸趣，以無明力轉彼淨心至此後際，行相最粗，至此爲極，周盡之終，故名爲滅相。」〔註48〕

　　六者業繫苦相：前起業相造種種業，既有業因必招果報，故云：「以業受果。」此即《大般涅槃經》經偈所云：「非空非海中，非入山石間，無有地方所，脫之不受報。」〔註49〕既招業報，無論善惡，皆不得不受，故爲不自在。因爲不自在，所以名爲業繫苦相。此等於十二緣起之「有緣生，生緣老死。」亦即由此業報之繫縛，遂輪迴於三界諸道，受生死苦報，無有罷期。所以《正法念經》有偈云：「譬如繩繫鳥，雖遠攝則還；業繩繫眾生，其事亦如是。」〔註50〕

　　上文以虛妄心念生起之四相（即生、住、異、滅）相應於初三細相與六粗相而加以說明，因爲上述所說粗細等相皆是心識妄念所現起之相，而識念所起現之相，概括而言即是生、住、異、滅四相。今所謂之業繫苦相乃強調由妄念執著所招感之種種業報，此乃側重於實際上之輪迴生死，且果報非可斷，故不與識念之四相相應。

　　以上所說之三細六粗，實即概括了惑業苦一切染法，且皆由無明業相展

〔註44〕同上書。
〔註45〕唐、法藏造疏，明德清直解，《大乘起信論直解》，頁30，台中：青蓮出版社，民國65年。
〔註46〕《大乘起信論義記》卷中，《大正藏》四十四，頁257中、下。
〔註47〕同上書，頁257下。
〔註48〕同上書。
〔註49〕《大正藏》十二，頁549下。
〔註50〕《大正藏》十七，181中。

轉起現，故論云：「當知無明能生一切染法」。而無明即是不能如實覺知真如一法界，故無明既是不覺，所以由根本無明所起現之一切染法，亦都是不覺之差別相。我們可以說「不覺是九相（三細、六粗）之總名，而九相乃不覺之別號。」〔註51〕

　　以上所述，即是《大乘起信論》所謂「三細六粗」之具體內容，而三細六粗實已概括了世間法之生死流轉，此即是「心生滅門」中無明不覺之生滅心流轉地攝生一切法。

三、由心生滅門即入心真如門

　　上一節，我們依阿黎耶識之不覺性，說明了一切染法之展轉起現。所謂三細六粗皆因無明而起，皆是妄念不覺之相。也就是《大乘起信論》所說的：

> 是故三界虛偽，唯心所作，離心則無六塵境界。此義云何？以一切法，皆從心起，妄念而生。一切分別，即分別自心，心不見心，無相可得。當知世間一切境界，皆依眾生無明妄心而得住持。是故一切法如鏡中像無體可得。唯心虛妄，以心生則種種法生，心滅則種種法滅故。〔註52〕

然而，依《大乘起信論》所說之阿黎耶識，不但有不覺性，同時也本具超越的覺性，因為《大乘起信論》所說的阿黎耶識是不生不滅與生滅的和合。《大乘起信論》肯定眾生心性本來清淨，與佛無二無別，所以名為如來藏自性清淨心，也就是說眾生心是在纏的如來藏。順著眾生本具之如來藏自性清淨心而言，即是眾生本具之覺性，此乃是相對於現實眾生之無明不覺故稱為覺；而此覺性非修行後得，仍是眾生自性本來具足，故稱為本覺。如《大乘起信論》所云：

> 所言覺義者，謂心體離念，離念相者，等虛空界，無所不徧，法界一相，即是如來平等法身，依此法身說名本覺。〔註53〕

而《大乘起信論》之肯定眾生有本覺，即在於強調眾生可由無明不覺之現實性透顯其內在本具之明覺性，並漸次修行證得涅槃佛境。也就是我們在上文已提到的「起信論之所以特別強調阿黎耶識有覺與不覺二義，乃是為了建立

〔註51〕參見明倫社講解「起信論生滅門」講義，頁13。
〔註52〕《大正藏》三十二，頁577中。
〔註53〕同上書，頁576中。

生死流轉與解脫還滅的所依。……也就是依不不覺無明故說有生死雜染法，還覺故說有清淨還滅法。有漏雜染與無漏清淨不一不異地統一在阿黎耶識中。」〔註54〕

　　所以，對於眾生本具之明覺性，也就是阿黎耶識所具之覺義的肯認，實在非常重要。因為我們在前面已指出眾生之流轉生死皆因阿黎耶識之虛妄業識所招致，如果阿黎耶識只是虛妄識念，亦即只是生滅的識念，而無所謂不生不滅的覺性，則眾生之修行悟道，只能是盡人事、聽天命；也就是只能純粹靠後天的正聞熏習之力，以求轉化自身之不覺為明覺。有關此覺性之肯定，牟宗三先生在論「起信論之體用義」時曾謂：

　　　　若在生滅識念中不正視此覺性，而唯是注意此生滅之識念，以為此
　　　　生滅之識念只是識念，並無所謂覺性，吾人只是順此生滅之識念而
　　　　一步一步轉化之，轉化之而成覺，此所成之覺完全是後天的，經驗
　　　　的，後得的，則吾人亦可以說：這樣順逐生滅識念而轉化下去亦可
　　　　仍只是在識念中轉，而根本無由達成覺性之獲得（證得），這是無窮
　　　　地追下去，亦是盲目地追下去，這樣很可使標的模糊，漸次亦可根
　　　　本喪失其標的。……嘉言懿行，聖教量，若不消融于覺性中以證其
　　　　為真為實，這一切很可都只是些雜念，憑念轉念，實只是以念引念，
　　　　永無了期，就是一味不執著于依他起，證得了圓成實，亦只是了解
　　　　一個空理，與自家生命之清澈仍不相干。……吾人主體方面有此覺
　　　　性，在證得圓成實上，圓成實空如之理方能滲融進來而與覺性水乳
　　　　交融，以證成吾人之生命確是一智之生命，而不是一識之生命。……
　　　　是以覺性乃至本覺之肯認乃是必然者，而且亦是必要者，這是修證
　　　　工夫所以可能（所以有實效）之超越根據。〔註55〕

　　我們既然肯定眾生本具如來藏自性清淨心，也就是承認阿黎耶識具有超越的覺性，則自然能將無明不覺的識念化為清淨真心，亦即轉妄識為真智，而在此化念還心的過程中，我們即可將雜染的流轉法還滅為清淨功德法。針對現實有漏的眾生而言，要由無明不覺還歸為明覺自性，必須經過漸次修行

〔註54〕　參看本章〔註16〕所引書。
〔註55〕　牟宗三先生著，《心體與性體》，第一冊附錄，頁586～587，台北：正中書局，
　　　　　民國62年二版。

的工夫與過程，此即《大乘起信論》所說的「始覺」；亦即眾生從迷返悟，從一向不覺而還歸爲本覺自性，要依本覺內熏之力；而因爲眾生一向不覺，今覺力之發動似爲始起，故稱始覺，非指其新生始有。所以「始覺，是從凡入聖，從因到果，從事實的現象方面說。但推究起來，這不是新始產生的覺體，這覺悟是本來具有的，始覺並沒有增加什麼。」〔註56〕換句話說，「始覺即是覺體之呈用；覺體呈用即是覺體由隱伏附隨中呈現其自己。呈現其自己即有覺了洞澈識念生滅流轉之無自體無實性而化除遠離之作用。」〔註57〕

因此，《大乘起信論》說始覺乃是關聯著本覺、不覺一起說的。論云：

> 本覺義者，對始覺義說。以始覺者即同本覺。始覺義者，依本覺故而有不覺，依不覺故說有始覺。〔註58〕

也就是預先肯定眾生清淨眞心之覺性，而依此覺性方得說「從本已來，念念相續，未曾離念」〔註59〕的眾生是不覺的。又由此不覺要返歸本來清淨之覺性，所以才說有始覺，此正顯出始覺爲返流還淨之覺智。因此，我們要說明雜染之還滅，可以依始覺還原爲本覺之次第過程加以說明。依《大乘起信論》乃是以覺了虛妄心念之生滅四相來說明眾生之返妄歸眞，即依心念之生、住、異、滅四相的逐一破除還滅，來彰顯返流過程中修證的四個階位──即凡夫之止其後念的「始覺」，與二乘之「相似覺」，法身菩薩之「隨分覺」，與入佛地之「究竟覺」。

在前一小節中，我們說明一切染法之流轉起現時，曾述及虛妄心念含攝得「三細六粗」等相，因爲有漏雜染法之流轉乃是由無明業相展轉生起，並由細至粗，此皆因無明風動，遂起心動念，妄現種種境界相；並且有微著之不同與先後際之差異，其先際最微，名爲「生相」，後際最粗，名爲「滅相」。故《佛性論》云：

> 一切有爲法，約前際與生相相應，約後際與滅相相應，約中際與住、異相相應。〔註60〕

〔註56〕《大乘起信論講記》，頁81。
〔註57〕《心體與性體》第一冊附錄，頁589。
〔註58〕《大乘起信論》，《大正藏》卅二，頁576中。
〔註59〕同上書，頁576中、下。
〔註60〕天親造，梁、眞諦譯，《佛性論》，《大正藏》卅二，頁802下。論云：「⋯⋯⋯一切有爲法名行，與四相相應故。四相者，一生二異三住四滅；一切有爲法，

也就是藉識念之生、住、異、滅以說明一切有漏雜染法之次第生起與流轉。如今，我們要說明還滅，則需反其方向，由覺知滅相以至於覺知生相；因為識念之滅相最粗，故較易覺知而化除掉，生相最為微細難知，唯有證入金剛喻定之佛菩薩方能究竟覺了。這即顯示：眾生從無明不覺開始依法修行，以求化念還心，返歸本來明覺之清淨自性，這中間由於工夫之深淺不同，遂有究竟不究竟之差別；能覺徹心源即是究竟覺，不能覺徹心源即是不究竟覺。而由不究竟覺展轉還滅至究竟覺的過程，即顯出始覺以至於究竟覺之漸修次第。所以《大乘起信論》說：

> 如凡夫人覺知前念起惡故，能止後念令其不起。雖復名覺，即是不覺故。如二乘觀智，初發意菩薩等，覺于念異，念無異相。以捨粗分別執著相故，名相似覺。如法身菩薩等，覺于念住，念無住相。以離分別粗念相故，名隨分覺。如菩薩地盡，一念相應，覺心初起，心無初相。以遠離微細念故，得見心性，心即常住，名究竟覺。〔註61〕

以下我們即依虛妄心念之漸次化除還滅，以說明「轉識成智」的修證過程：

一、覺知滅相：所謂滅相乃是「無明力轉彼淨心至此後際，行相最粗，至此為極，周盡之終。」〔註62〕故名為滅相。此相當於前面所說六粗相之「起業相」。眾生由於計名字相，執取外境，造作種種善惡業，遂有起業相。眾生造業之心，念念生滅，未曾暫止；而此惡業既是由虛妄心念引發生起，所以要終止惡業，須先令惡念不起。因此修學佛法之凡夫必須在起業相剎那現前時即能覺了，亦即依此念念生滅之心念，覺知「前念起惡之心滅時，即就滅處止其後念之惡更不容起。故念念滅時，念念止之。止之既久，則令惡念不生。」〔註63〕此即《大乘起信論》所謂之「覺知前念起惡故，能止後念令其不起」。然而于此位中之凡夫，雖能覺了滅相是惡，而不再起業造惡，然猶未覺知滅相乃是由虛妄分別而起現之妄念；亦即但能防止後念起業造惡，而不能真正覺了惡念之虛幻不實，當下止滅。既未能止滅惡念，故煩惱不斷，所

約前際與生相相應，約後際與滅相相應，約中際與住、異相相應，行役不息，故名為行」。
〔註61〕《大乘起信論》，《大正藏》卅二，頁576中。
〔註62〕《大乘起信論義記》卷中，《大正藏》四十四，頁257下。
〔註63〕《大乘起信論直解》，頁30。

以仍屬不覺。不過就其修行證悟之工夫，亦可方便稱爲「止業覺」，只是非覺徹心源之究竟覺而已。

二、覺知異相：指聲聞、緣覺二乘以及十住以上到十迴向的菩薩，能夠覺照到虛妄心念的變異相；同時能了知意識的起滅變異，根本沒有變異的實在性。此即是覺悟六粗中的「計名字相」及「執取相」。既然能覺悟計名字相及執取相所生之粗分別，自然就能捨離由此粗分別隨虛妄境界所起之執念。此粗分別所起之執著即是第六意識的我執及部分的法執，二乘及三賢菩薩雖能捨離六識中之我、法二執，然尚未能真正覺悟真如法性實相，只是近似於真覺，故稱此覺爲「相似覺」。

三、覺知住相：十地菩薩能覺悟諸法的真如法性，分證如來的平等法身，故又稱爲法身菩薩。而法身菩薩之覺知住相，即是覺悟六粗相中的「智相」、「相續相」以及三細相中的「能見相」、「境界相」，均是由虛妄分別而生起，根本沒有真實的自性。約心意識說，此即覺悟「五意」中的後四，所謂「相續識」、「智識」、「現識」以及「轉識」；亦即進入業識心境，覺悟了第七末那識所執持的相續境界，無有真實自性，唯是妄心所現。十地菩薩既覺知念無住相，所以不但能捨離由虛妄心念的住相所引起的微細分別，同時亦能捨離此無有真實自性之住相。而此心念之住相，相對於心念最初之微細生相而言，則爲「粗念相」，故《大乘起信論》說此位之菩薩能「離分別粗念相」。又十地菩薩，由於觀智的深淺不同，所以每地菩薩所證悟的境界亦不相同，而且只能分證真如法身，尚未能證悟圓滿法身，所以稱其爲「隨分覺」。

四、覺知生相：此指證入第十地「法雲地」之菩薩，修行已臻圓滿，具足一切觀行修斷之方便法，故有清淨妙智現前與其一念相應，所謂「一念相應妙智」。由於此妙智之相應，不但能覺了心念最初之生起相，同時覺悟心念的生相無有實性可得，即覺知「心無初相」，既遠離了虛妄分別業識的執著即能斷除無始無明住地的迷惑。惑業既除，自能明心見性，覺悟此真心乃是本來具足一切無漏稱性功德，常住不變。菩薩修行至此，可說是覺徹心源，圓滿而究竟，所以稱此境界爲「究竟覺」。

由上述四位之還滅過程，我們知道只有斷盡無明業識之虛妄心念，才能如實證悟真如法性，究竟覺了自心本來清淨，而契入真如平等佛智。所以《大乘起信論》引證經文謂：

是故修多羅說：若有眾生能觀無念者，則為向佛智故。〔註64〕

這很明顯地表示：眾生一旦覺知心念的生、住、異、滅相，虛妄不實，皆無自性實體，當下即可由心生滅門悟入心眞如門；因為雜染與清淨之別只在一念之間，一念覺則成聖成佛，一念不覺則輪迴五道，流轉生死。故《大乘起信論》云：

> 復次顯示從生滅門即入眞如門。所謂推求五陰，色之與心，六塵境界，畢竟無念。以心無形相，十方求久，終不可得。如人迷故，謂東為西，方實不轉；眾生亦爾，無明迷故，謂心為念，心實不動。若能觀察知心無念，即得隨順入眞如門故。〔註65〕

第二節　由眞妄相熏助成一切法之生死流轉與涅槃還滅

前文我們已經說明了一切法之生滅相，而一切法之所以有生滅染淨，依《大乘起信論》而言，全是靠眞如與無明互相熏習而成；亦即由無明熏眞如，遂有一切虛妄雜染法，由眞如熏無明則成無漏功德法。而所謂「熏習」，依《大乘起信論》說為：

> 熏習義者：如世間衣服，實無於香，若人以香而熏習故，則有香氣。
> 此亦如是：眞如淨法，實無於染，但以無明而熏習故，則有染相。
> 無明染法，實無淨業，但以無明而熏習故，則有染相。無明染法，實無淨業，但以眞如而熏習故。則有淨用。〔註66〕

此即明顯表示，熏習之義實即「以此熏彼，以彼熏此」，互相影響而有所變化。就好比我們以香熏習衣服，衣服即有香氣，此香氣乃由香之熏習而有，非衣服本來具有；然一旦被熏，則受影響而產生變化。因此，依此熏習之義，《大乘起信論》說眞如與無明相互熏習起染淨法不斷，以下我們即分別說明眞妄相熏之義。

〔註64〕《大乘起信論》，《大正藏》卅二，頁576中。
〔註65〕同上書，頁579下。
〔註66〕同上書，頁578上。

一、由妄熏眞成生死流轉

所謂「由妄熏眞」即是《大乘起信論》所說之染法熏習。《大乘起信論》
云：

> 云何熏習起染法不斷？所謂以依眞如法故，有於無明；以有無明染
> 法因故即熏習眞如；以熏習故，則有妄心。以有妄心，即熏習無明；
> 不了眞如法故，不覺起念，現妄境界。以有妄境界染法緣故，即熏
> 習妄心，令其念著，造種種業，受于一切身心等苦。〔註67〕

牟宗三先生對於染法熏習之見解爲：

> 染法熏習，從根本處說，即是無明熏眞如，愈熏，眞如愈隱，其力
> 愈弱，眾生遂長夜生死，交引日下。（染法互相交引，亦是熏習）這
> 樣熏習下去，遂從無始已來，永無斷絕。〔註68〕

所以，一切染法皆由無明妄心熏習而來，而由根本無明之熏習所起現之虛妄
雜染法，約其粗細，可將其生起之過程方便地分爲三個階段：

一、無明熏習成妄心。此即《大乘起信論》所謂的「以依眞如法故，有
于無明；以有無明染法因故，即熏習眞如；以熏習故，則有妄心」。我們知道
染法之根源，雖因無明不覺而有，但是無明無有自體，必須依憑於眞如方得
以顯；此可藉賢首法藏在《華嚴經探玄記》中論染淨二門之關係來說明：

> 六、染淨門者，………問：染非性起，應離于眞。答：以違眞故，
> 不得離眞。以違眞故，不屬眞用。如人顛倒，戴靴爲帽。倒即是靴，
> 故不離靴。首戴爲帽，非靴所用。……〔註69〕

此即明顯表示，無明不覺與自性眞如，無始已來即不相捨離；由於不覺眞心
自性本來清淨無染，遂蒙蔽眞心而成無明妄心，此即無明之熏習眞如。而眞
如受無明之熏習，遂心動起念成爲妄心；所以「妄心是依眞如爲本，而現爲
虛妄心影的。………是眞妄和合而有的，即無明力不覺心動的業識」，〔註70〕
而此妄心如何熏習起現染法呢？此可由兩方面加以說明。一方面由「業識根

〔註67〕同上書。
〔註68〕《心體與性體》第一冊附錄，頁594。
〔註69〕唐、法藏述，《華嚴經探玄記》，卷第十六，〈寶王如來性起品〉第三十二，《大
　　　　正藏》卅五，頁405下，台北：中華佛教文化館影印，民國46年。
〔註70〕《大乘起信論講記》，頁169。

本熏習」生起染法，依《大乘起信論》，此妄心即是五意中之根本業識；乃是無明不覺心動之最初虛妄心識，是最微細而甚深難知的。但依此微細業識之起現，則展轉生起能見、能現、能取境界等種種虛妄分別而相續不斷。又因其有增長其餘諸心識之力，故稱「業識根本熏習」。依此根本業識的熏習力，能捨受阿羅漢、辟支佛以及一切菩薩的「變易生死」。〔註71〕因爲阿羅漢、辟支佛及菩薩乃是三乘聖者，而此三乘皆已斷盡見愛煩惱，不再受凡夫的「分段生死苦」；〔註72〕然阿羅漢、辟支佛二乘雖入「無餘涅槃」，〔註73〕菩薩雖證「無生法忍」，〔註74〕卻尚未臻究竟圓滿，仍有微細根本業識妄現，生起虛妄心境，並加以分別計著，住持苦樂；且此苦樂所招的感受，刹那變易，無有定常，故稱爲生滅苦。

　　另一方面則依妄心業識增長分別事識之熏習力，起現染法不斷，亦即眾生依前六識對虛妄心境起分別計執，而造種種業，感受生死苦報。故論云：「增長分別事識熏習，能受凡夫業繫苦故」；凡夫隨業力感受不同的分段生死，皆由意識熏習而起，而由此遂流轉生死，無有終日。

　　以上，已說明妄心熏習起染法不斷之義。其次，我們要探討「妄心如何熏習成妄境」之義。

　　二、妄心熏習成妄境。依前文所述，由無明力不覺心動所起現之妄心業識，雖是微細難知，然一旦起現，則更復熏習無明不覺，由是遂有能所之對待，而產生虛妄的境界相，故《大乘起信論》云：「以有妄心，即熏習無明；不了眞如法故，不覺念起，現妄境界」。而此由妄心熏習而成之妄境界，一方面能增長念熏習，另一方面又增長取熏習，遂展轉生起染法不斷。所謂「增長念熏習」，乃是指由妄心所引生之妄境界，不斷地作爲妄心之緣境，所以也就不斷地增長念力；換句話說我們心中所以有無限的概念，無窮的印象，皆由虛妄境界之影響而產生。另一方面，因爲虛妄境界不斷地增長業識心念，同時也就增長了心識之愛著執取虛妄境界，此即所謂「增長取熏習」。由此，

〔註71〕三乘以上聖者，雖已斷見思等惑，然尚有根本無明未斷；由此微細業識之念念生滅，念念遷異，遂有刹那變易之生死。

〔註72〕凡夫眾生由於種種見愛煩惱，遂生種種見思惑，妄想執著，招感苦樂果報；而且異熟果報有分分段段之差異，故稱分段生死。

〔註73〕指阿羅漢、辟支佛證入灰身滅智之寂滅境界，既灰身滅智，故無有餘依。

〔註74〕指大乘菩薩觀一切因緣所生法無有自性，當體即空；並由之證入不生不滅之眞實相，如如不動，故稱無生法忍。

我們知道，虛妄心念與愛著執取是彼此相互影響而增長的，亦即「由妄境界熏習分別事識而追求外境，由追求外境而增長相續識中的念力，由念力增長又引發分別事識的外緣境界」，〔註75〕如此展轉相熏增長，遂起染法不斷。

三、妄境界熏習成惑業苦。此即是《大乘起信論》所謂「以有妄境界染法緣故，即熏習妄心，令其念著，造種種業，受於一切身心等苦」，亦即進一步強調由無明不覺所起現之妄心，引生妄境界，妄境界又增長虛妄心念，並且產生愛著執取，彼此相互影響，展轉相熏，遂造種種惑業，並隨順此種種惑業而招受種種苦報。如此，一切眾生的起惑、造業與受苦，皆根源於妄境界之反熏妄心而產生。

以上即是無明熏習真如而起染法不斷之過程，在此過程中，無明、妄心與妄境界反覆相熏牽引，故起現一切染法，而眾生也因此流轉生死，輪迴苦道，不得暫停。

二、由真熏妄成涅槃還滅

前文已說明由根本無明熏習真如，展轉生起相續不斷的有漏雜染法，接著，我們要探討《大乘起信論》所說的「淨法熏習」。所謂「淨法熏習」，即是指真如熏習無明，將雜染法還滅為清淨法的過程。依《大乘起信論》原初之肯定，乃是肯定一切眾生自性本來清淨，涵藏著與佛無異之如來佛性，此潛藏的佛性即是如來藏自性清淨心；而眾生因為本具此如來藏自性清淨心，所以具有內在的熏習力，能夠主動地發出厭離生死，樂求涅槃的願力與智力，依此願力與潛力，故能漸次修行，終至解脫還滅，證入涅槃清淨佛境，而顯現如來法身。所以《大乘起信論》說「淨法熏習」時謂：

> 云何熏習起淨法不斷？所謂以有真如法故，能熏習無明；以熏習因緣力故，則令妄心厭生死苦，樂求涅槃。以此妄心有厭、求因緣故，即熏習真如，自性已性，知心妄動，無前境界，修遠離法。以如實知無前境界故，種種方便，起隨順行，不取不念，乃至久遠熏習力故，無明則滅。以無明滅故，心無有起；境界隨滅。以因緣俱滅故，心相皆盡，名得涅槃，成自然業。〔註76〕

〔註75〕《大乘起信論講記》，頁171。
〔註76〕《大乘起信論》，《大正藏》卅二，頁578中。

　　上一節，我們依無明、妄心與妄境界之展轉熏習，說明一切虛妄雜染法之流轉；今則逆此方向以說明眞如熏習無明之還滅過程。此還滅的過程亦可分爲三種熏習加以說明：

　　一、眞如熏習成發心。一切眾生雖無始已來，就有無明不覺蒙蔽本覺眞心，並由之起惑、造業，流轉生死苦道而不得解脫；然其本性清淨，本具之眞如心也從無始已來即發出內在之熏習力，熏習矇昧之無明，使其無明妄心發出厭離生死苦報，樂求清淨涅槃之心願。換句話說，眾生之所以能發心修學佛法，追求正覺佛道，完全是因爲其先天本具的眞心覺性，具有主動熏習之力。此眞如內在的熏習力，《大乘起信論》稱爲「眞如自體相熏習」，論云：

> 自體相熏習者，從無始世來，具無漏法，備有不思議業，作境界之性。依此二義，恒常熏習。以有力故，能飲眾生厭生死苦，樂求涅槃；自信己身有眞如法，發心修行。〔註77〕

而此眞如自體相熏習，實即是「因熏習鏡」中所謂的「一切染法所不能染，智體不動，具足無漏，熏眾生故」。〔註78〕亦即眾生的如來藏自性清淨心，先天本具了無量無漏功德，故能自動熏習無明妄心，轉虛妄心念爲清淨道心，所以說「眞如熏習成發心」。

　　二、發心熏習成解行。由上述，我們知道，由眞如本覺熏習無明能發出厭離生死苦報，樂求涅槃佛果之心，；而此心一旦發出，自然也能產生熏習影響力，反覆熏習眾生本具之眞如覺性，使此覺性能具體呈現；此覺性一旦呈現，自能透視無明煩惱之蒙蔽，而反觀自身本來清淨，自性本來無染。同時也能覺悟眾生無始已來之所以流轉生死苦道，皆是無明虛妄心念起動所致；既是無明妄心所起，自是虛妄分別，而所分別執著的外在境界，實際亦根本不存在。故《大乘起信論》云：「三界虛偽，唯心所作，離心則無六塵境界」，又云：「尙知世間一切境界，皆依眾生無明妄心而得住持；是故一切法，如鏡中像，無體可得，唯心虛妄，以心生則種種法生，心滅則種種法滅故」。因此，眾生由發心修行，逐漸次遠離妄心妄境，悟得唯心無境；並由之如實修學聞、思、修三慧，清淨功德法自然起現不斷。此即是「發心熏習成解行」之義。

〔註77〕同上書。
〔註78〕同上書，頁576下。

　　三、修行熏習證涅槃。我們若能如實覺了自性本來清淨明覺，根本無有妄心與虛妄境界，自然就不會念著執取子虛烏有之外在妄境；而一旦達此唯心細意境界，則能逐漸破除分別事識之虛妄分別，亦即逐漸去除法執。同時隨順真如自心，如實修行種種法門而現種種方便，不取不念一切無明染法，如此方能迅速趣入無上佛道。因為由真如本覺久遠不斷的熏習力，即可將不覺真如一法界的無明滅除；而根本無明一旦滅除，一切由無明熏習所生起的有漏雜染法，自然也就隨之滅除，故《大乘起信論》云：「以無明滅故，心無有起；以無起故，境界隨滅」。至此境界，眾生本具之清淨如來藏性即能徹底顯發出來，而證入如來的究竟涅槃。既證悟自性涅槃，自然能隨順眾生，隨機應化，而成就自然業用；如是展轉熏習，淨法乃得相續不斷。

　　綜上所述，由雜染法與清淨法之展轉相熏，遂有生死流轉與涅槃還滅。雖說染法、淨法皆相續不斷，然依佛教以了脫生死，證得涅槃佛果為最終旨趣而言，染法最終畢竟是要滅除，而還歸為清淨功德法；因為無明無有自性實體，眾生依其內在之真如熏習力，終能轉染還淨，令其不再生起。如此，眾生之成佛方是究竟證得，而不至於再流轉為生死眾生。至於淨法熏習，因眾生本具如來藏自性清淨，無始已來即不斷熏習；到證悟成佛以後，仍是不斷熏習眾生，作為眾生修行之助緣，所以真如淨法，是無始也是無終的。故《大乘起信論》在說明真妄相熏以後，特別強調：

> 復次，染法從無始已來，熏習不斷，乃至得佛，後則有斷。淨法熏習則無有斷，盡于未來。此義云何？以真如法常熏習故，妄心則滅，法身顯現，起用熏習，故無有斷。〔註79〕

又此淨法之熏習不斷，實蘊含著如來法身遍滿常住之意，此實是《大乘起信論》如來藏緣起思想自始即肯定者，也由此方得以倡談一切眾生皆可究竟還滅，同入一佛乘之境地。

〔註79〕同上書，頁 579 上。

第四章 《大乘起信論》如來藏緣起思想之檢討

第一節 《大乘起信論》眞如義之檢討

在第二章中，我們已經說明了《大乘起信論》的如來藏緣起思想，乃是透過一種超越的分解，肯定眾生本具如來藏自性清淨心，亦即是以一超越的眞心作爲眾生成佛之超越的根據，同時以此超越的眞心作爲一切法存在的根源。此種思想在佛教內部教義的發展過程中形成了一獨特的緣起系統，它不但強調諸法畢竟空的般若空慧，同時更依如來藏自性清淨心詳細地說明了一切法的存在情形與生滅。所以，《大乘起信論》所說之心眞如，不但是諸法畢竟空的實相眞如，同時也是「一切法大總相法門體」；是一眞常心，也就是將般若智吸于眞常心中，成爲智如不二之般若智心。

此一獨特的思想，就其自身而言，有其思想體系之限制；而也因爲此限制遂易引起一些誤解，牟宗三先生認爲《大乘起信論》所成立之眞心系統的限制乃是：

> 因對眾生而說其成佛可能並對一切法作一根源的說明這兩問題而凸
> 現爲一緊張的狀態，因此緊張的狀態，般若清淨心遂轉爲豎立的眞
> 心，成爲一有實體性意味的實體。[註1]

因爲《大乘起信論》所說之超越的眞心容易被視爲一有實體性意味的實體，遂

[註1] 牟宗三先生著，《佛性與般若》上冊，頁475，台北：台灣學生書局，民國66年出版。

引起支那內學院王恩洋先生對《大乘起信論》作嚴厲的批評，在其〈大乘起信論料簡〉中曾謂：

> 自來相似正教諸偽經論雖無量種，而流行最廣立義最乖者，《大乘起信論》一書為最。〔註2〕

又謂：

> 此論而可存，將三藏十二部經空有兩宗一切論義並皆可廢矣。夫斯論之作固出於梁陳小兒，無知徧計亦何深罪。特當時有唐之世大法盛行，唯識法相因明之理廣博精嚴甚深抉擇。而此論者乃無人料簡，靈泰智周諸師雖略斥責而不深討，貽諸後世，習尚風行，遂致膚淺模稜，劃盡慧命。似教既興，正法以墮，而法相唯識千餘年來遂鮮人道及矣。〔註3〕

王氏何以批評《大乘起信論》立義乖違，劃盡慧命？主要就是針對《大乘起信論》所說的「真如」而發。他認為：「《大乘起信論》非佛教論，背法性故，壞緣生故，違唯識故，如《金七十論》等。」〔註4〕換句話說，他認為《大乘起信論》所說之真如為常一之實物，故違背諸法空無自性之法性；同時也破壞了諸法依因待緣而生起之緣生義。至於起《大乘起信論》所說之「真如熏習」更是不可能，因為王氏認為真如應該是無為無用不能熏習的。《大乘起信論》之真如是否真的背法性、壞緣生、違唯識呢？在此，我們企圖透過王氏的〈大乘起信論料簡〉對《大乘起信論》之真如義作一個簡別，以求更進一步地彰顯出《大乘起信論》所呈現之如來藏緣起思想。

一、《大乘起信論》之真如是否為常一之實體？

　　首先讓我們看看王氏何以認為《大乘起信論》所說之真如違背諸法之空性？王氏在說明真如之體相用三大時，認為《大乘起信論》所謂之「體大」乃是「心之自體」或「物之本質」，〔註5〕故推論出：

〔註2〕 王恩洋先生著，〈大乘起信論料簡〉，收入《大乘起信論與楞嚴經考辨》，頁105，台北：大乘文化出版社，民國67年。

〔註3〕 同上書，頁115。

〔註4〕 同上書。

〔註5〕 同上書，頁107。

此論所云之眞如者爲一實物，其性是常，其性是一，以其常故，性
恆不變，以其一故，徧一切法，以爲實物故能轉變生起一切法，而
一切法皆此眞如之現象及作用。是故萬法之生從眞如生也，萬法之
滅復還而爲眞如也。是故，眞如稱爲一法界大總相法門體。〔註6〕

又將《大乘起信論》所說之空、不空眞如，解釋爲：

眞如即二義，一者空，總體之相不可以言說分別等，如是蓋以言說分
別等但是別相，亦但能詮表於別相，如一微塵不能表示妙高山故，如
一波浪不能表示大海水故。以是因緣一切分別言說皆與大總相法門體
不相應，是故說之爲空。二者不空，以具有無量功德能生一切世間出
世間法故，是蓋以一切法從眞如生，眞如總攬此一切法爲體，有體有
相有用不可說此眞如體空，是故說名不空。如是空言表示眞如至高無
上絕無對待義，不空言表有體有用有無量無邊功德義。〔註7〕

並由此而推斷出：

眞如之生萬法也，則眞如分而爲萬，如水起波，雖分爲萬，性皆眞
如，如波雖多，性皆是水。……萬法之滅也，則萬法合而爲一，如
波滅成水，是故說云唯心相滅非心體滅，心體即眞如也，心相即萬
法也。以是義故說眞如是一，萬法非一；眞如是常，萬法非常，眞
如爲眞，萬法幻起。〔註8〕

　　王氏對《大乘起信論》眞如之了解既然如此，故認爲《大乘起信論》所
言之眞如義與般若瑜伽等眞實佛法有異，其所異有三：

　　一、佛法所云眞如無實體而是諸法空性，此則謂「眞如即體而是諸
　　　　法本質。」

　　二、佛法眞如無有用性，非能生不生萬法，但以有萬法故而眞如之
　　　　理箭存，而此則謂「眞如能生，生起萬法，以有眞如故而萬法
　　　　起。」

　　三、佛法云眞如，非以有一常住之體故諸法依之而有生滅，但以諸

〔註6〕同上書，頁108。
〔註7〕同上書，頁108～109。
〔註8〕同上書，頁109。

法生滅無常故而顯此無常之常性名之曰眞如；此則「以有一眞
如常住之實體故，諸法隨之而生滅」。〔註9〕

其實《大乘起信論》所說之眞如與唯識法相宗所說之眞如有別，依唯識
法相宗之理論，眞如乃是「諸法空性所顯之眞如理」，也就是《佛性論》所說
的：「我法二空所顯眞如」，〔註10〕而《大乘起信論》所說之眞如，不但是指
諸法畢竟空的法性理，同時還具有無漏功德性，能夠依緣現起一切三乘聖法。
但是《大乘起信論》雖強調眞心爲一切法之依止，如論云：「是心則攝一切世
間出世間法」，但並未說此眞心就是「物之本質」，更未說眞如是一常住不變
的實體，能轉變生起一切法。只是說心眞如是「一法界大總相法門體」，此「體」
字是何意義的體呢？牟宗三先生解釋爲：

> 心眞如之眞心就是一切法門之如性、眞性、實相，而實相一相，所
> 謂無相，故就如性、眞性、實相而說『體』，此體字是虛意的體，非
> 有一實物曰體也。〔註11〕

而且《大乘起信論》有云：

> 言眞如者，亦無有相。謂言說之極，因言遣言。此眞如體，無有可
> 遣，以一切法悉皆眞故。亦無可立，以一切法皆同如故。當知一切
> 法，不可說不可念，故名爲眞如。〔註12〕

又謂：

> 當知眞如自性非有相，非無相，非非有相，非非無相，非有無俱相；
> 非一相，非異常，非非一相，非非異相，非一異俱相。〔註13〕

眞如既離一切言說分別，自然不是常一之實物。而常惺法師在〈大乘起信論
料簡駁議〉中亦曾表示：

> 《起信論》中眞如，本合理、智二者而言，能所不分，與唯識中，有

〔註 9〕 同上書。

〔註10〕 天親菩薩造，梁、眞諦譯，《佛性論》，《大正藏》卅一，頁 787 中，台北：中
華佛教文化館影印，民國 46 年。

〔註11〕 《佛性與般若》上冊，頁 457。

〔註12〕 馬鳴菩薩造，梁、眞諦譯，《大乘起信論》，《大正藏》卅二，頁 576 上。

〔註13〕 同上書，頁 576 上、中。

爲智照無爲理，所詮原自不同，故論名爲一大總相法門體，原未指爲
實物，是一是常。……夫「一」者乃對「多」所立之假名，必對多法
之無常，然後方顯此一法之常。今眞如門中，乃就平等之體而說，故
云：「一切諸法，從本已來，離言說相……畢竟平等，惟是一心」。法
法既皆平等即眞，眞如外更無無常差別之法可對，則眞如常一之名，
何處可安？但爲不得已而開示眾生故，立此「一法界」之假名，顯平
等無二之絕待義，是故不應泥執名相，而誣同外道之常一也。〔註14〕

又王氏認爲《大乘起信論》之眞如既爲常一之實物能生起萬法，即與數
論之自性無有差異，其於〈大乘起信論料簡〉中曾謂：

窺師有云，數論人立自性三德隨我思緣起造諸法，所成大等相雖有
異，後轉變時還歸自性，故說大等皆無滅壞。今說眞如起心等，息
妄歸眞還即眞性，則同數論。〔註15〕

王氏這種誤解，乃是認爲《大乘起信論》所言眞如等同於外道之梵我、自性；
實際上，佛早在《楞伽經》中已抉擇此眞如（如來藏）不同於外道梵我。《楞
伽經》有云：

爾時，大慧菩薩摩訶薩白佛言：世尊！世尊修多羅說如來藏自性
清淨，轉三十二相入于一切眾生心中，如大價寶垢衣所纏。如來
之藏常住不變，亦復如是，而陰界入垢衣所纏，貪欲恚痴不實妄
想塵勞所汙，一切諸佛之所演說。云何世尊同外道說我，言有如
來藏耶？世尊！外道亦說有常作者，離于求那，周遍不滅。世尊！
彼說有我。

佛告大慧，我說如來藏不同外道所說之我，大慧！有時說空、無
相、無願、如、實際、法性、法身、涅槃、離自性、不生不滅，
本來寂靜、自性涅槃，如是等句說如來藏已，如來、應供、等正
覺，斷愚夫畏無我句，故說離妄想無所有境界如來藏門！未來現
在菩薩摩訶薩不應作我見計著。譬如陶家，於一泥聚，以人工水
木輪繩方便，作種種器。如來亦復如，于法無我離一切妄想相，

〔註14〕《大乘起信論與楞嚴經考辨》，頁166。
〔註15〕同上書，頁113～114。

以種種智慧善巧方便，或說如來藏，或說無我。以是因緣故，說
如來藏不同外道所說之我，是名說如來藏。開引計我諸外道故，
說如來藏，令離不實我見妄想，入三解脫門境界，希望疾得阿耨
多羅三藐三菩提。是故如來、應供、等正覺，如是說如來之藏。
若不如是，則同外道。是故大慧！爲離外道見故，當依無我如來
之藏。爾時世尊欲重宣此義而說偈言：人相續陰，緣與微塵，勝
自在作，心量妄想。〔註16〕

依此經文之抉擇簡別，佛明示眾生其所說之如來藏是「離妄想無所有境
界」之「無我如來藏」，不同於外道所說之梵我，具有客觀肯定的實體性。所
以《大乘起信論》之「如來藏真心『隨緣不變，不變隨緣』之緣起並不是實
體性的實有之本體論的生起。它是通過無明妄念（阿賴耶識），不染而染，始
隨染緣起生死流轉之雜染法，它本身並不起現這一切。它本身染而不染，故
又能就這一切雜染法而起還滅之功行，因而得有清淨法，此即所謂隨淨緣起
淨法（內外真如熏即是淨緣）。至還滅功成，無明斷盡，仍是無我如來藏，離
妄想無所有境界。」〔註17〕

由以上所述，我們可以說《大乘起信論》所肯定之超越真心（即心真如、
真如心）只是有外道梵我之嫌，亦即有實體性的本體之嫌，並非真如王氏所
批評的常一的實物，能生起一切法。何況《大乘起信論》本身亦一再強調：「三
界虛僞，唯心所造，離心則無六塵境界，此義云何？以一切法皆從心底，妄
念而生，一切分別，即分別自心，心不見心，無相可得。」所以常惺法師在
其〈大乘起信論料簡駁議〉中亦強調：「《起信論》宗諸大乘契經，依一心法
而開二門。真如門乃顯一切法所依之體，平等不二，即一切法以論於真，非
離一切法外而另有一凝然實物能生於一切也。」〔註18〕

二、《大乘起信論》之如來藏緣起是否破壞緣生大義？

其次，讓我們看看王氏爲何批評《大乘起信論》之真如破壞了緣生大義。
王氏首先說明：「一切法必待因及緣而後能生，不無因生，不自然生。譬

〔註16〕 宋、求那跋陀羅譯，《楞伽阿跋多羅寶經》。卷第二，〈一切佛語心品〉之二，
《大正藏》十六，頁489上、中，台北：中華佛教文化館影印，民國45年。
〔註17〕 《佛性與般若》上冊，頁477。
〔註18〕 《大乘起信論與楞嚴經考辨》，頁168。

如禾稼必自種子及土壤日光人工等緣具備而後得生，以是義故，說名緣生。」
〔註19〕而且認爲一切法之緣生有幾點決定義，〔註20〕即是：

一、諸法生起必有因緣，無因緣者不能得生。

二、諸法不但從種子生，必待餘緣增上力故方乃得生。

三、諸法因緣但生自果，無漏因不生有漏果，雜染因不生清淨果，……
異種不能生異現，異現亦不熏異種。

四、諸法增上緣必爲同類同性隨順增善者，始能招感引起諸餘法果。

五、因緣俱備必定生果。

六、因緣法中種子周徧現行對礙義。

七、緣生法中能生所生性必平等。

王氏既認爲：

> 諸緣生法能生所生性必平等，凡能生者必爲所生，能生所生俱爲緣
> 生，既爲從餘生者，即可復生餘。所生無常故，能生亦無常，所生
> 非一故，能生亦非一。〔註21〕

遂批評《大乘起信論》之眞如但能生而非所生，因爲萬法從眞如生，而眞如
不從餘生。且眞如性常一，萬法非常一。如是推論：

> 無明正智有漏無漏善染無記共一因緣，共一因故，無明因即正智因；
> 有漏因即無漏因，善因即惡因，惡因即善因，因既雜亂，無漏應生
> 染業，三毒亦起大悲。以是義故，失壞世間出世間一切法。〔註22〕

並依此而批評《大乘起信論》之眞如隨緣起現萬法爲敗壞緣生大義。

上一節我們已說明《大乘起信論》之眞如並非一實物，不同於外道所說之
梵我自性；所以《大乘起信論》所說之眞如自亦不若梵我自性之生起一切法。《大
乘起信論》但云：「是心則攝一切世間出世間法」，並未說此如來藏自性清淨心
能生起一切世間出世間法。且其由心生滅門說明一切法之流轉與還滅，乃是依
阿黎耶識之覺與不覺而言，論云：「此識（阿黎耶識）有二種義，能攝一切法，
云何爲二？一者覺義，二者不覺義」，此已如第二章、第一節第二段所言，在此

〔註19〕同上書，頁84。
〔註20〕同上書，頁85～88。
〔註21〕同上書，頁110。
〔註22〕同上書。

不重覆贅述。我們只要了解心生滅門中，三細六粗等虛妄境界，皆由阿黎耶識之無明不覺展轉生起，並即此虛妄流轉法而還滅之，即能顯現清淨無漏功德法，我們自然明白《大乘起信論》之如來藏緣起仍然是合於「此生故彼生，此滅故彼滅」的緣生法則。《大乘起信論》之眞如既未創生一切法，自然沒有王氏所批評的「有一因、共因、不平等因」之過失。

　　王氏同時也批評《大乘起信論》之「三細六粗俱依無明次第生起，故云無明能生一切染法，是則仍即共因、不平等因失。」〔註23〕針對此批評，常惺法師曾辯解謂：

　　　　起信論明說九相展轉生起，互相爲因。而推原其本，歸過無明，故
　　　　云無明能一切染法，未說無明橫生一切。〔註24〕

且此隨無明染緣起現一切法的過程，已于前第二章中，「無明不覺生三細，境界爲緣長大粗」一節說明。所以，以無明爲一切染法生起之根源，並未破壞緣起之法則，此實同於十二緣起之由無明緣行，行緣識……乃至生緣老死，是以無明爲一切法緣起之因，若無明滅，則一切俱滅。依上述，我們可以肯定《大乘起信論》之如來藏緣起仍是順承「緣起性空」之法則而構成，並未破壞緣生大義。

三、《大乘起信論》之眞如與無明能否互相熏習？

　　王氏批評《大乘起信論》所謂由眞如與無明互相熏習，不斷生起染淨法者，根本是不可能的，因爲他認爲：

　　第一：「眞如無常，既非能熏亦非所熏。能熏所熏義皆不立，如何得
　　　　　與無明相熏習起？倘云熏習應非無爲，即非眞如。」〔註25〕
　　第二：所謂熏習必須同性質者，方能互相作爲增上緣等無間緣，而
　　　　　《大乘起信論》所言之「正智無明，有漏無漏性極相反，能
　　　　　治所治，能障所障是對碍因。兩敵不並，尚不得並起，何能
　　　　　隨順，相引相熏作開導依增上緣。若謂正智無明得相並起
　　　　　者，即三毒五逆即不障於菩提，諸極惡人應得見道成佛，無

〔註23〕同上書，頁114。
〔註24〕同上書，頁172。
〔註25〕同上書，頁111。

> 分別慧既不對治煩惱，菩薩及佛應還墮諸三塗，流轉還滅既
> 並不成，即壞增上緣生道理。」〔註 26〕

　　針對王氏第一點批評，在此，我們必須再次強調《大乘起信論》所說之心真如、真心有別於唯識宗所說之真如空理，《大乘起信論》所說之真如是「從本已來，自性滿足一切功德」，而且「具足過於恒沙不離不斷不異不思議佛法」，而最主要的是它是自性清淨的真常心。既是心，則有活動之力，故能隨染淨緣起現染淨法；眾生也正因為本具此如來藏自性清淨心，才能發出厭離生死，樂求涅槃之智願。如《大乘起信論》所云：

> （真如）自體相熏習者，從無始世來，具無漏法，備有不思議業，
> 作境界之性。依此二義，恒常熏習，以有力故，能令眾生，厭生死
> 苦，樂求涅槃。自信己身，有真如法，發心修行。〔註 27〕

所以《大乘起信論》所說的真如不同於唯識宗所說由我法二空所顯的「無為如理」。它具有不變與隨緣雙重性，就其不變義而言是不生不滅的諸法實相，恆常不變，故可說無為；然就其隨緣義而言，則能隨外緣而發生事用，故亦可說是有為用。此可引陳維東先生〈料簡起信論料簡〉所解釋的加以說明：

> 諸有欲知真如之義者，吾可正告之曰，真如者即無為法也。無能可
> 為者，真如之理體也，無所不為者，真如之事用也。蓋以一切皆生
> 滅而無常，緣起而無我，故曰無能可為也。即此無常無我之諸法，
> 遍於一切時一切地，故曰無所不為也。〔註 28〕

又謂：

> 以其無能可為也故正名篇（見前）曰，一切法相用之不變理體即真
> 如也。以其無所不為也，故正名篇曰，即此諸法性體之隨緣事用亦
> 真如也。〔註 29〕

　　其次，針對王氏所謂熏習必須同性質者，方能相互作為增上緣〔註 30〕等

〔註 26〕同上書，頁 112。
〔註 27〕《大乘起信論》，《大正藏》卅二，頁 578 中。
〔註 28〕《大乘起信論與楞嚴經考辨》，頁 127。
〔註 29〕同上書。
〔註 30〕增上緣屬四緣（因緣、所緣緣、等無間緣與增上緣）之一，乃是指具有增上力用者，如眼根之能生眼識，田土之生米麥，皆是增上之際。如《大乘義章》

無間緣〔註31〕而互相熏習一義，可藉唐大圓先生在〈起信論解惑〉一文中所說的加以辯明，唐先生謂：

> 然若欲眞知《起信》熏習義者，即應詳唯識言熏習與《起信》互異。唯識所言是種子熏習亦名因熏習，故其說能熏所熏各各四義多根據種子六義建立。以此若云有漏生無漏，則是異性因生異性果，違種子性決定義。又即一因能生一切果，違種子引自果義等。惟《起信論》不立種子，則所言熏習，多是現行，亦增上緣。故曰，熏習義者，如世間衣服實無於香，若人以香而熏習故，則有香氣，此亦如此，眞如淨法實無於染，但以無明而熏習故，則有染相。無明染法實無淨業，但以眞如而熏習故，則有淨用。此云世間衣服實無於香等，知非有漏種子熏生無漏，但以有漏現行違反無漏淨法，斯名因無明熏而有染相。亦非無漏種子熏生有漏，但以無漏現行違反有漏染法，斯名因眞如熏而有淨用也。〔註32〕

又謂：

> 《成唯識論》說增上緣云，謂若有法有勝勢用，能於餘法或順或違。述記（案：《成唯識論述記》）云，能於餘法者，簡其自體，顯不同前所緣緣故；或順或違，顯與違順能爲緣。與後生異法爲緣，非前滅法。眞如與無明相望，互爲餘法，漏、無漏別，亦非自體。而眞如之熏無明與無明之熏眞如亦是與後生異法，能爲違緣最顯而易知者。今王君之說增上緣，乃曰諸法增上緣，必爲同類同性隨順增益者，始能招感發諸餘法果。唯識言餘法異法，此則言必爲同類同性。唯識言或順或違，此則但言隨順增益。料簡他義尚多可原，惟此說則違唯識背自宗，一錯到底，毫無可違。又曰，以故惡業能感三惡道果，無由感人天善果。無漏業唯引出世果，無由增長世間果，以

三本所云：「增上緣者，能生法強，故曰增上。」

〔註31〕 等無間緣又稱次第緣，亦屬四緣之一。等者等同之義，前念後念各爲一個而相等，故說爲等。而無間者，指前心與後心之間，直接爲緣，沒有其他物體間隔；也就是前念心法直接作爲後念心法的生緣。此「無等間緣」只適用於心法，於其他法則不通。所以《俱舍論》七有云：「等無間緣，除阿羅漢臨涅槃時最後心心所法，諸餘已生心心所法，是等無間緣性，此緣生法，等而無間，依是義立等無間名。由此色等皆不可立等無間緣，不等生故」。

〔註32〕 《大乘起信論與楞嚴經考辨》，頁 137～138。

是義故，無明不能熏長正智，正智不能熏長無明，以性極違反，相
障相治，不相增長故。否則邪見惡業應可招聖道，福德智慧應反墮
三途，便成邪因論云云。此則但明增上之順緣則然，能增上之違緣
則恰與此相反。以善業而熏惡業，則惡業變善業，可招聖道。以惡
業而熏福德智慧，則福德智慧變邪見惡業，亦可墮三塗。否則若如
汝言，性極違反，不成增上者，則三世諸佛何以度生，一切異生何
以能斷惑。如是說者，非落斷邊即墮常邊，是真邪因論矣。〔註33〕

由上述所引唐大圓先生之見解，我們知道王氏之批評《大乘起信論》的真妄
相熏，實有其不甚如理之處。約而言之，即是不明《大乘起信論》之言真妄
相熏不同於唯識宗之言種子熏習。《大乘起信論》之心真如具足無漏功德法，
能主動熏習無明，而轉染成淨。而不像唯識宗所說之種子，必待他緣方能熏
習起現行。而且諸法之互相為增上緣者，亦不若王氏之主張：必為同性質者，
方能互相做為增上緣。因為諸法要互相為增上緣只在於是否有力用，故諸法
或違或順皆可能成增上緣。既可為增上緣，自然能互相熏習，而有所轉變。
因此真如與無明自然能相互熏習而起染淨法不斷。

最後，我們想藉常惺法師在〈大乘起信論料簡駁議〉中所說之「熏習義」，
來說明《大乘起信論》之真如與無明必然相熏並互作增上緣。其文有云：

熏習之義，一法不能成熏，無能所故。二體不能受熏，勢用不相應
故。非一非異，以一體異用，而可互作增上故。是以本覺真如與無
明生起之現行雖異，而本體無二，實可互作增上。以無明熏真如，
則法身流轉五道，名曰眾生。以真如熏無明，則眾生漸起厭求，可
以返妄歸真。若必真俗別執，不能互作增上者，則無明無體，眾生
將入於斷滅，以真如不作增上，無所依故。眾生生相未斷已前無明
未盡，永不能起厭求之心，將永淪於苦海，以厭求即微細無明故，
無明不能返妄作增上緣故。是故互為增上者，非相併生起，乃互隨
轉變之意。〔註34〕

由上述對真如義之檢討，我們可以得知《大乘起信論》所說之真如，並非
如王恩洋先生所批評的：背法性、壞緣生、違唯識；而由此真如隨染淨緣起現

〔註33〕同上書，頁138～139。
〔註34〕同上書，頁170。

染淨法的緣起系統自然也不同於外道數論之說，因為如來藏緣起系統終究只是唯一真心之隨緣起現，而非由真實實體創生一切萬有之本體論。〔註35〕

第二節　《大乘起信論》如來藏緣起系統之檢討

前文第二章中，我們在說明《大乘起信論》之如來藏緣起思想時，已大致將《大乘起信論》所蘊涵的如來藏緣起思想作一交代；約而言之，《大乘起信論》之如來藏緣起思想是以「如來藏自性清淨心為主，無明妄染為客」的緣起系統。《大乘起信論》是以「心真如門」與「心生滅門」之攝生一切法來構成其所蘊涵之如來藏緣起系統，而「心真如門」與「心生滅門」皆由「一心法」（如來藏自性清淨心）開出，此二門只是一心的兩個側面，兩種趣向，所以由二門所構成的如來藏緣起系統，其實是以此「一心」——如來藏自性清淨心——為依止，亦即一切染淨法皆以如來藏自性清淨心作為存在之依止。于前文，我們曾指出如來藏自性清淨心是「一切法界大總相法門體」，具足「過于恒沙不離不斷不異不思議佛法」，〔註36〕且是一切凡夫、聲聞、緣覺、菩薩、諸佛普遍具有，平等無別，所以自然能攝持一切無漏清淨去而為眾生成佛之超越根據。至於一切生死流轉的有漏雜染法則是由無明不覺之憑依真心所生起，因為無明不覺不離本覺真如，因此，一切有漏雜染法仍需憑依如來藏自性清淨心方得以生起，此即是以如來藏自性清淨心作為一切染法之憑依因。

由此，《大乘起信論》以如來藏自性清淨心作為一切法存在之依止，構成了一特殊的緣起系統；這緣起系統之所以特殊，是因為它不僅以如來藏自性清淨心為無漏清淨法（即涅槃還滅法）之依止，同時也以此清淨心為有漏雜染法（即生死流轉法）之依止；亦即一切有漏無漏、雜染清淨法皆統攝於如來藏自性清淨心中，此則有別於唯識宗之阿賴耶緣起系統，以阿賴耶為一切染淨法之依止。依此如來藏緣起系統，要說明眾生之「轉識成智」自然不成問題，因為如來藏自性清淨心之朗現，眾生必然得以成佛。至於說明一切法之生死流轉時，因為有無明不覺之插入，所以易引起一般所謂的「真先妄後難」、「真妄別體難」與「悟後卻迷難」；〔註37〕而唐朝武后則天時，復禮和尚亦曾針對如來藏緣起思想

〔註35〕同上書，頁174。
〔註36〕《大乘起信論》，《大正藏》卅二，頁579上。
〔註37〕關於真如緣起的三大難，可參看林傳芳先生之《佛學概論》，頁147～151，台北：彌勒出版社，民國68年修訂再版。

提出詰難，曾作〈眞妄偈〉以質問天下學士，其〈眞妄偈〉云：

> 眞法性本淨，妄念何由起？
>
> 從眞有妄生，此妄安可止？
>
> 無始即無末，有終應有始。
>
> 無始而有終，長懷懵此理。
>
> 願爲開玄妙，析之出生死。〔註38〕

這些問難皆是緣於如來藏緣起系統中眞如與無明之特殊關係而產生，賢首法藏在《大乘起信論義記》中曾對這些疑難有所簡別，而《大乘起信論》解釋分對治邪執第五有云：

> 五者聞修多羅說：「依如來藏故有生死，依如來藏故得涅槃」，以不解故，謂眾生有始，以見始故，復謂如來所得涅槃有其終盡，還作眾生，云何對治？以如來藏無前際故，無明之相亦無有始。若說三界外更有眾生始起者，即是外道經說。又如來藏無有後際，諸佛所得涅槃與之相應，則無後際故。〔註39〕

而賢首法藏之《義記》在解釋此段論文時曾謂：

> 第五內教中說二法，執中亦執二，治中亦治二，謂生死涅槃也。執中聞依眞有妄，便謂眞先妄後，故起有始見也。如外道立從冥初生覺等，既眾生有始有後依眞故證得涅槃者，還作眾生以成有始之義也，如外道立眾生終盡，還歸於冥，名爲涅槃。從冥起覺，更作眾生，此亦如是。對治中二，先明法體離始，則顯生死無初，梁《攝論》云：「生死無初也」，後明法體離終，則顯涅槃無盡。……〔註40〕

　　上文所引，即是對於「眞先妄後難」與「悟後卻迷難」之對治與簡別。至於「眞妄別體難」則是緣於《大乘起信論》謂：「一切心識之相，皆是無明」，即以爲眞如之外別有無明之實體，賢首《義記》解釋此段論文有云：

> ……業等染心名諸識相，此等皆是不覺之相，故云：「心識之相皆是無明」，非約心體說也。又更轉難云：「既言識相皆是無明故說滅者，

〔註38〕《宗鏡錄》卷五，《大正藏》四十八，頁 440 中。

〔註39〕《大乘起信論》，《大正藏》卅二，頁 580 上、中。

〔註40〕《大乘起信論義記》，唐、法藏撰。《大正藏》四十四，頁 277 中。

即應別有體性離於眞如」，即眞妄別體離。答云，如此諸識不覺之相，
不離隨染本覺之性，以是故云不離覺性。此無明之相與彼本覺之性
非一非異，非異故非可壞，非一故非不可壞。若依非異非可壞義，
說無明即明，故《涅槃經》云，明與無明，其性不二，不二之性即
是實性。若就非一非不可壞義，說無明滅覺性不壞，滅惑之義，準
此知之。〔註41〕

此段釋文即明白顯示：無明與眞如同無元始，以其必依眞如覺性方得以顯其
不覺之相。因此，兩者的關係是非一非異，不可說眞如之外別有妄體。若眞
如之外別有無明虛妄之體，則《大乘起信論》之「眾生心」即不能說是「總
攝一切世間出世間法」，如此則無法構成《大乘起信論》之如來藏緣起系統。

綜上所述，我們可以得知《大乘起信論》之如來藏緣起系統，由於眞如
與無明之特殊關係，所以易引起一些疑難，然卻不妨礙其以如來藏自性清淨
心統攝一切染淨法，亦即不妨如來藏自性清淨心之隨緣起現一切染淨法。

順此如來藏緣起系統，我們想檢討一下，由如來藏自性清心隨緣起現的
一切法，是什麼意義的法？依《大乘起信論》，眾生自性本來清淨，心性本無
生滅，而所以有一切諸法，「唯依妄念而有差別，若離心念，則無一切境界之
相」；此即表示如來藏自性清淨心隨無明不覺則起現有漏雜染法，若能一念返
觀自心本覺，則一切有漏雜染法皆可還滅爲無漏功德，而證得佛道。眾生本
具之如來藏自性清淨心雖可隨染淨緣法，然其終極目的在於返顯本來清淨自
性，所以一切由虛妄分別而起的染法皆須斷除，以其非眾生自性本來所有。
因此《大乘起信論》在說明染淨法互相熏習時，即強調染法有斷、淨法不斷。
《大乘起信論》云：

> 復次，染法從無始已來熏習不斷，乃至得佛後則有斷。淨法熏習則
> 無有斷，盡于未來。此義云何？以眞如法常熏習故，妄心則滅，法
> 身顯現，起用熏習，故無有斷。〔註42〕

既然在成佛的過程中，一切染法終需斷除，則表示如來藏緣起系統所說的一
切法，最終只是清淨佛界的無漏功德，而無有其餘九界〔註43〕之差別法。既

〔註41〕同上書，頁260上。
〔註42〕《大乘起信論》，《大正藏》卅二，頁579上。
〔註43〕指地獄、餓鬼、畜生、阿修羅、人、天六道眾生與聲聞、緣覺、菩薩三乘聖

無九法界之差別法,即表示世間法無有客觀的存在,只是由無明妄現而成;如此則成主觀的無明妄心與客觀的差別法合一,無明妄心一滅除,一切差別法亦隨之滅除,此即除無明無有差別法之存在。

然依《般若經》之「不壞假名而說諸法實相」,《維摩詰經》之「但除其病而不除法」,乃至於《妙法蓮華經》之「是法住法位,世間相常住」,則似乎表示宇宙間的萬法有其客觀的存在。此種說法,與《大乘起信論》之強調一切染法皆需斷除方能證得佛道,是否有不一致之處?此乃是站在《大乘起信論》如來藏緣起系統之外所作的檢討,然由此檢討所引發出來的問題,必須就整個佛教之根本教義方能決定,此涉及佛教中之判教問題,實已超出本論文之討論範圍,所以我們將此問題留待來日再作進一步之探討與研究。

人,共爲九界。

第五章　結　論

由上述各章節之探討，本論文可以歸納出以下幾點結論：

一、《大乘起信論》如來藏緣起之思想淵源，可遠溯至印度大眾分別說系之「心性本淨」說，而主要則是根源於後期之真常唯心諸經論；因為此真常唯心系之思想均是肯定眾生自性本來清淨無染，與佛無二無別，此亦即是主張「一切眾生皆有佛性」、「一切眾生皆可成佛」之一佛乘思想。而此一佛乘（實即是大乘起信論所謂之「眾生心」）正是《大乘起信論》所以成其為「大乘」之所依，故論云：「一切諸佛本所乘故，一切菩薩皆乘此法到如來地故」。

二、《大乘起信論》之如來藏緣起系統，可以說是如來藏思想之充其極者。所以地論師與攝論師，不論其對阿黎耶識染淨之見解如何，皆必然趣向《大乘起信論》；因為此二派思想皆肯定眾生有如來藏自性清淨心，而此真心不守自性即變現出一切生死流轉法。所以順此二派思想之發展，必然趣向《大乘起信論》之如來藏緣起系統；而此思想體系之發展，對後來華嚴宗之「性起」思想亦產生鉅大之影響。〔註1〕又順著唯識宗「妄心為主，正聞熏習是客」的

〔註1〕華嚴宗之「性起」思想，其實即是以「如來藏自性清淨心」為義理根據，如賢首于《一乘教義分齊章》「義理分齊」第十中明說「十玄門唯是一如來藏自性清淨心轉」，其文有云：「九者，唯心迴轉善成門，此上諸義唯是一如來藏自性清淨心轉也。但性起具德，故異三乘耳。……此上諸義門悉是此心自在作用，更無餘物，故名唯心轉也」。參看《大正藏》四十五，頁507上。
又澄觀《賢首五教儀》卷六說明有何因緣令諸法得以混融無礙時亦強調：「初，唯心所現者，一切諸法真心所現，如大海水舉體成波。以一切法無非一心故。大小等相隨心迴轉，即入無礙。」由此可看出華嚴宗之義理實是順著「如來藏自性清淨心」之真心系統，更進一步發展出「性起」之法界緣起系統。參看卍新纂續藏經五十八，頁684。

系統，亦必然要進一步肯定「如來藏自性清淨心」作爲一切眾生成佛之超越根據，如此成佛才有必然的保證。

三、《大乘起信論》以「一心開二門」總攝一切染淨法，依「心生滅門」是流轉地攝持一切法，而依「心眞如門」則是還滅地攝持一切法；「心生滅門」與「心眞如門」其實是不一不異的，以其均屬「一心」（如來藏自性清淨心）所開。所以一切法之爲染爲淨只在一念之間，一念不覺即墮生死流轉，一念覺則當下涅槃還滅，此即是眞如心之隨染淨緣起現染淨法。而此隨緣起現的過程皆是眞如與無明互相熏習所致，無明熏眞如，則起染法不斷；眞如熏無明，則起淨法不斷。染淨法雖皆熏習不斷，然以無明無有自性實體，只是不能如實覺了眞如一法界，所以眾生一旦成佛，本具眞心豁然朗現，無明染法自然斷除不再起現。

四、透過對於《大乘起信論》眞如義之檢討，我們可以肯定《大乘起信論》之如來藏緣起並非如外道梵我之創生宇宙萬法；因爲《大乘起信論》所說之心眞如、眞如心，並非常一的實體，它只是無始已來具足無量無漏功德法的清淨眞心。由此清淨眞心的肯定，我們方得以轉有漏的生死流轉法，返歸爲無漏的涅槃寂滅。此種眞心思想自然不同於唯識宗之種現相熏的阿賴耶緣起系統，故不必定如唯識宗之言種子與現行的相互緣生。又《大乘起信論》之心眞如是智如不二眞如心，故能不變隨緣起一切法，同時也能隨緣不變而還滅一切法；此種「不變隨緣、隨緣不變」的緣起思想仍然合乎佛教的緣生大義，只是在「不變」與「隨緣」中有一複雜的轉折（即無明不覺的妄現），所以易被誤解爲「本體論的生起論」。

五、《大乘起信論》雖以「如來藏自性清淨心」統攝一切染淨法，然而無明妄心總是惑障，必須破除，方顯眞心佛界，而非即于一切染法而直證佛果。在此我們似乎可以提出一個問題，即是：《大乘起信論》之如來藏緣起系統，對一切法之說明是否圓滿、究極？如果一切法只是如來藏自性清淨心之隨緣示現，何以《妙法蓮華經》又說：「是法住法位，世間相常住」呢？由此問題可再引發出另一問題：依佛教之教義，如何說明一切法才是圓滿究極？此需由判教方能決定，此已超出本論文之探討範圍，故留待來日再作進一步之探討與研究。

參考書目

一、佛教經典論疏

馬鳴菩薩造，梁、眞諦譯，《大乘起信論》，《大正藏》第三十二冊，台北：中華佛教文化館影印，民國 46 年。

唐、法藏撰，《大乘起信論義記》，《大正藏》第四十四冊，台北：中華佛教文化館影印，民國 46 年。

隋、慧遠撰，《大乘起信論義疏》，《大正藏》第四十四冊，台北：中華佛教文化館影印，民國 46 年。

釋元曉撰，《起信論疏》，《大正藏》第四十四冊，台北：中華佛教文化館影印，民國 46 年。

長水沙門子璿錄，《大乘起信論筆削記》，《大正藏》第四十四冊，台北：中華佛教文化館影印，民國 46 年。

明、德清直解，《大乘起信論直解》，台中：青蓮出版社，民國 65 年。

明、眞界纂註，《大乘起信論纂註》，台北：志蓮精舍，民國 61 年影印。

東晉、佛陀跋陀羅譯，《大方等如來藏經》，《大正藏》第十六冊，台北：中華佛教文化館影印，民國 45 年。

宋、求那跋陀羅譯，《央掘魔羅經》，《大正藏》第二冊，台北：中華佛教文化館影印，民國 44 年。

北涼曇無讖譯，《大槃涅槃經》，《大正藏》第十二冊，台北：中華佛教文化館影印，民國 44 年。

宋、求那跋陀羅譯，《勝鬘師子吼一乘大方便方廣經》，《大正藏》第十二冊，台北：中華佛教文化館影印，民國 45 年。

元魏、菩提流支譯，《佛說不增不減經》，《大正藏》第十六冊，台北：中華佛教文化館影印，民國 45 年。

宋、求那跋陀羅譯，《楞伽阿跋多羅寶經》，《大正藏》第十六冊，台北：中華佛教文化館影印，民國 45 年。

後魏、勒那摩提譯，《究竟一乘寶性論》，《大正藏》第三十一冊，台北：中華佛教文化館影印，民國 46 年。

天親造，梁、眞諦譯，《佛性論》，《大正藏》第三十一冊，台北：中華佛教文化館影印，民國 46 年。

護法菩薩等造，唐、玄奘譯，《成唯識論》，《大正藏》第三十一冊，台北：中華佛教文化館影印，民國 46 年。

隋、慧遠法師撰，《大乘義章》，《大正藏》第四十四，台北：中華佛教文化館影印，民國 46 年。

二、近人研究論述

印順法師講，演培、續明記，《大乘起信論講記》，台北：慧日講堂，民國 55 年二版。

印順法師講，《攝大乘論講記》，台北：慧日講堂，民國 51 年再版。

印順法師著，《唯識學探源》，台北：慧日講堂，民國 59 年重版。

唐、不空譯，《大乘密嚴經》，大正藏第十六冊，台北：中華佛教文化館影印，民國 45 年。

印順法師著，《以佛法研究佛法》，台北：慧日講堂，民國 61 年重版。

印順法師自印本，《印度之佛教》，合江法王學院，民國 31 年。

田養民著，楊白衣譯，《大乘起信論如來藏緣起之研究》，台北：地平線出版社，民國 67 年中文初版。

龍樹菩薩造・後秦鳩摩羅什譯，《大智度論》，《大正藏》第二十五冊，台北：中華佛教文化館影印，民國 46 年。

牟宗三先生著，《佛性與般若》上、下冊，台北：台灣學生書局，民國 66 年。

牟宗三先生註，《心體與性體》第一冊，台北：正中書局，民國 62 年二版。

普潤大師編，《翻譯名義集》，台北：建康書局，民國 45 年。

張曼濤主編，《大乘起信論與楞嚴經考辨》，輯入《現代佛教學術叢刊》35，台北：大乘文化出版社編印，民國 67 年。

藍吉富先生撰，《大乘起信論的外延問題》，佛光山《覺世》，雜誌版第一期。

唐君毅先生著，《中國哲學原論原道篇參》，新亞書院研究所，民國 63 年，香港九龍。

唐君毅先生著，《中國哲學原論原性篇》，香港九龍：新亞書院研究所，民國 47 年。

林傳芳著，《佛學概論》，台北新店：彌勒出版社，民國 68 年修訂再版。

「明倫社第十二期大專佛學講座」，講解「起信論生滅門」之講義。

唐、法藏述，《華嚴經探玄記》，《大正藏》三十五，台北：中華佛教文化館影
　　印，民國 46 年。

李世傑著，《中國佛教哲學概論》，台北：台灣佛教月刊社。民國 48 年。

吳汝鈞先生著，《唯識哲學——關於轉識成智理論問題之研究》，高雄：佛光
　　出版社，民國 67 年。

何國詮撰，《大乘起信論之研究》。鵝湖月刊第三卷第八期～第四卷第一期
　　（31、32、34、36、37），台北：民國 67 年 1 月至 67 年 7 月。

李淳玲撰，《論「佛說無我」後一切法存在的問題》。民國 69 年，台大哲學研
　　究所碩士論文。